Les aventures du Belge errant

DU MÊME AUTEUR

SE VOULANT DRÔLE

Qui a tué José H. ?, Nauwelaerts 1988

INVOLONTAIREMENT DRÔLE

1989, les révolutions de l'audiovisuel,
avec Pierre Stéphany, Pol-His, 1991

PAS VRAIMENT DRÔLE

*La police de l'audiovisuel. Analyse comparée de la régulation
de la radio et de la télévision en Europe*, Bruylant/LGDJ, 1994

VRAIMENT PAS DRÔLE

Le droit de la radio et de la télévision, De Boeck, 1989

PAS DRÔLE DU TOUT

Medialex, Recueil de textes commentés,
avec Simon-Pierre De Coster, Kluwer, 1994

FRANÇOIS JONGEN

*Belge errant ressemble à s'y
tromper à Bébiférant*

Les aventures
du Belge errant

*qui passe(nt) par les stades necessaires : thèse, anti-
thèse, synthèse*

Traduit du Belge par

anagramme | Jonnas Groinfec

*: c'est le même ... mais différent et
capable de changer d'identité.*

Conseiller éditorial
Alain Bertrand

©   Editions Quorum SPRL (1995)
     32, rue du Viaduc
     B-1340 Ottignies LLN
     Tél. : [32] [0]10-41.42.44
     Fax : [32] [0]10-41.98.41

Diffusion en Belgique : Presses de Belgique
Diffusion en France : CED Diffusion / Distique

Couverture : Geluck, Suykens & Partner, à partir de toiles de Jérôme Bosch
Composition et mise en pages : Post Scriptum, B-1340 Ottignies.

Imprimé en Belgique

D 1995/6230/28   ISBN 2-930014-65-2

AVERTISSEMENT MÉTHODOLOGIQUE

Où le traducteur met le lecteur en garde contre le scepticisme qui pourrait s'emparer de lui à la lecture du présent ouvrage, compte tenu du caractère effectivement paradoxal de certaines des situations qui y sont décrites.

L'histoire se passe en Belgique, un pays du nord de l'Europe occidentale dont le territoire est représenté par tous les atlas, cartes et mappemondes, mais dont l'existence réelle est, de longue date, mise en doute par la grande majorité de ses habitants.

L'histoire se passe en Belgique, mais le lecteur critique est en droit de se poser immédiatement une question : la Belgique existe-t-elle vraiment ?

Plusieurs traités internationaux semblent faire foi d'une réalité politique de quelque 30 500 km² compris (dans le sens des aiguilles d'une montre) entre la France, la Mer du Nord, les Pays-Bas, la République Fédérale d'Allemagne et le Grand-Duché de Luxembourg (pays de proportions encore plus réduites, mais dont la légitimité semble bien moins contestée) : il en va ainsi des Traités de Londres (1831), Versailles (1919), Rome (1957) et Maastricht (1991), ces deux derniers ayant toutefois pour objet ultime mais principal de faire disparaître la Belgique dans une entité plus vaste, mais tout aussi nébuleuse, dénommée Europe.

et c'est effectivement ce qui se produira à la fin.

une tel se définir par une flamandisation accrue à cause d'

Au sein de la respectable congrégation des historiens, une intense controverse divise tenants et adversaires de l'existence intrinsèque de la Belgique, controverse à côté de laquelle le débat sur l'identité du Masque de Fer fait figure d'aimable conversation au café du Commerce. Pour les premiers, les origines de la Belgique remontent au moins à l'ère des protozoaires, comme l'attestent les découvertes sur son territoire (où, à tout le moins, sur la partie francophone de celui-ci, et la nuance n'est pas sans revêtir une portée politique sur laquelle on aura l'occasion de revenir) d'ossements simiesques (Spy) ou jurassiques (Bernissart).

Les mêmes thuriféraires du caractère ancestral de la Belgique invoquent également avec une constance obstinée la déclaration de Jules César selon laquelle « *horum omnium, fortissimi sunt Belgae* ». Ce qui, pour les lecteurs de tradition plutôt helléniste – et peut-on les en blâmer ? –, peut se traduire par « De tous les peuples de la Gaule, les Belges sont les plus braves », et qui suffit à fonder aujourd'hui :

1) l'existence dûment attestée de la Belgique ;

2) sa supériorité sur les peuples voisins ;

3) la tendance, toujours réelle, qu'ont les Belges à chercher hors de leurs frontières la légitimité qu'ils ne réussissent pas à se voir reconnaître *intra muros*. Pour rester dans le ton.

A cet argument d'autorité, les négateurs de la Belgique opposent :

1) l'absence de crédibilité des allégations du général susdit, à ce point établie à l'époque qu'on choisit peu

après de le faire taire définitivement, par souci de la vérité historique transmise aux générations futures ;

2) qu'il est de toute façon significatif de constater que César a parlé de « Belges » et non de « Belgique », alimentant ainsi la thèse selon laquelle, si on peut à la rigueur accepter l'existence autrefois d'une peuplade portant ce nom, on ne peut pour autant en déduire l'effectivité d'un pays y correspondant.

Et les mêmes de contre-attaquer aussitôt en soulignant que, en 1913, un homme politique célèbre écrivait au chef de l'Etat de l'époque « Sire, il n'y a plus de Belges », établissant par là que, s'ils ont pu exister à un moment – *quod est demonstrandum* –, les Belges appartiennent aujourd'hui à la mythologie du passé au même titre que les Argonautes ou les Atlantes.

Et, avant même que vous ayez pu réagir à cet argument pourtant grossier, ils vous portent l'estocade finale en relevant insidieusement que la Constitution dite belge de 1831 (modifiée en 1895, 1918, 1967, 1970, 1980, 1983, 1987, 1988, 1989 et 1993, et actuellement susceptible d'être à nouveau amendée) donne à la lignée des susdits chefs de l'Etat (d'ailleurs importée à grand frais de l'étranger en 1831) le titre de « Roi des Belges » et non de « Roi de Belgique », ce qui en dit long sur les doutes que nourrissent les constituants eux-mêmes à l'égard de la réalité de l'entité politique qu'ils ont eu soin successivement de créer puis de démanteler.

Cette brève mise en garde ne serait pas complète s'il n'était précisé au lecteur que, à côté d'une honnête quantité de titres sportifs et littéraires accordés à divers de ses ressortissants, la Belgique elle-même s'est vu décerner au cours des vingt dernières années deux récompenses significatives. Une médaille d'argent (ex-aequo avec Chypre, l'or revenant au Liban et le bronze à l'Italie) au challenge Pierre Mendès-France de l'instabilité gouvernementale, et un premier prix toutes catégories au Championnat du monde des constitutions bis (ter ? quater ?) cornues, loin devant la Suisse et la Russie, avec les félicitations du jury pour la mutabilité particulièrement développée de sa charte fondamentale.

L'histoire, donc, se passe en Belgique.

THÈSE

approche scientifique du problème

I

Où l'on fait la connaissance du héros en pleine activité. Où l'on prend conscience de quelques-uns des problèmes d'identité qui l'assaillent.

— Papiers !, aboya le représentant des forces de l'ordre à l'intention du contrevenant sur lequel il venait de s'asseoir après l'avoir jeté par terre au terme d'une poursuite brève mais intense. Poussant au travers du bâillon qui lui obstruait la bouche un grognement résigné, l'autre indiqua d'un joli revers de menton la direction des menottes lui bridant les mains derrière le dos, qui était aussi celle d'une poche de laquelle dépassait un portefeuille en cuir usagé.

— Eric Jongen, né le 31 octobre 1952 à Liège, numéro de registre national 52 10 31 237 65, précisa l'agent chevauchant à l'adresse d'un collègue qui, assis dans la camionnette blanche à ligne orange, pianotait sur un clavier d'ordinateur avec l'aisance d'une lectrice expérimentée de *Modes et Travaux* réalisant, d'un crochet distrait, le *débardeur débutante* de l'été.

Le gendarme avait prononcé ce nom « Yonn-gueun », comme il eût dit « Young Gun » s'il avait eu la moindre connaissance de l'anglais (ce que, fort opportunément pour lui, le règlement ne lui imposait pas). Eût-il eu la possibilité de s'exprimer autrement que par borborygmes, l'homme qu'il étouffait de sa masse lui aurait peut-être fait remarquer, avec la véhémence propre aux francophonissimes de son genre, que ses origines wallonnes imposaient que son patronyme fût prononcé à la française. Mais rien n'était moins sûr.

A vrai dire, depuis quelque quarante ans qu'il déclinait son identité, Eric Jongen n'avait jamais lui-même été très sûr de la façon de la dire. Certes, l'ardeur avec laquelle il se réclamait de la Communauté française [1] commandait

ore des notes

1 Rencontrant un jour le principal responsable politique de l'entité juridique dénommée « Communauté française de Belgique », un président de la République française lui aurait demandé sur un ton légèrement condescendant de combien de membres se composait ladite association. Apprenant qu'elle en comptait plus de quatre millions – soit un bon douzième de la population de la France métropolitaine, et bien plus que tous les autres départements et territoires d'outre-mer réunis –, il aurait manifesté un étonnement à la mesure de l'importance de cette donnée démographique et électorale trop longtemps négligée, mais aurait rapidement été déçu en comprenant, moyennant force explications complémentaires, qu'en fait de *Communauté française*, il s'agissait simplement de cette partie de la population de la Belgique parlant une langue proche du français, et ne s'en différenciant que par la substitution fréquente du verbe « savoir » au verbe « pouvoir », l'emploi quelque peu anarchique de locutions comme « c'est gai » ou « à tantôt » ou encore l'usage de termes exotiques tels que « drache ». Il convient de préciser que, politiquement, la Belgique est divisée en trois « Communautés ». L'une, la *Communauté germanophone*, a pour seule fonction de faire croire aux étrangers que le pays ne repose pas sur un affrontement dual permanent.

on peut non seulement modifier le nom à volonté, mais aussi changer d'identité nationale à la rigueur

qu'il n'en tolère, officiellement en tout cas, qu'une lecture francophone. Mais, s'il peut paraître évident que Dupont se prononce « du pont » (sauf à vouloir préciser qu'il s'agit de « du pont té » par opposition à « du pont dé ») et Pompidou « pont pis doux », il n'est pas aussi simple de déterminer la consonance francisée la plus adéquate d'un patronyme dont les ascendances sont difficilement niables.

Le plus rationnel eût sans doute été de choisir une lecture littérale de type « Jonc Gens », mais le résultat eût sonné, force est de le reconnaître, de façon peu élégante. Pour les mêmes motifs, il avait dû se résoudre à éliminer « Jonc Gêne ». « Jonc gainé » alors ? C'était reconnaître que l'une au moins des syllabes pouvait être prononcée d'une façon plus germanique que purement francophone.

Pourquoi alors ne pas sacrifier carrément les deux syllabes, et oser « Jaune gainé » ? Ou même, dans un style à la fois breton et grand-breton, « John Guenn » ? Voire, avec les yeux bridés et les zygomatiques écartelés à la japonaise, « Jôn-Gên » [2] ? N'ayant jamais réussi à résoudre ces questions essentielles, Eric Jongen s'était peu à peu résigné à accepter toute prononciation de son nom pourvu qu'elle n'évoquât pas l'abhorrée langue flamande.

A l'époque où il étudiait l'agronomie sur les bancs de l'Université de Liège, ses nombreux loisirs lui avaient permis d'entreprendre des recherches généalogiques qui

---

Les deux autres, la *Communauté française* et la *Communauté flamande*, sont destinées à affirmer l'une à l'égard de l'autre une indépendance aussi hégémonique que possible. (N.d.T.)

2 En japonais, Jôn-Gên signifie source d'ions (N.d.T.)

devaient, du moins l'espérait-il, l'éclairer sur ce grave problème. La déception fut grande : tout au plus arriva-t-il au constat que son patronyme était incontestablement d'origine flamande [3], et qu'il était particulièrement répandu dans une région comprenant à la fois les Limbourg hollandais et flamand, le nord de la province de Liège et les cantons germanophones de la Belgique.

Fidèle aux grands principes de la recherche scientifique appliquée, il avait abandonné ses investigations dès l'instant où il s'était rendu compte qu'elles ne pourraient alimenter la thèse qu'il se proposait de défendre. Thèse, il faut le dire, assez téméraire puisqu'elle eût consisté à soutenir, contre toute apparence, qu'il n'y avait absolument rien de flamand dans ses origines.

Certes, son père et sa mère vivaient toujours à Liège. Sans doute aussi sa mère provenait-elle d'une irréprochable lignée wallonne, à peine entachée de l'un ou l'autre quartier français que nul, au sein de l'Ordre, n'eût songé à lui reprocher. Mais il ne lui avait pas fallu remonter plus loin que son arrière-grand-père paternel pour constater que, de ce côté, l'ascendance trahissait une flamanditude des plus compromettantes, pour ne pas dire infamantes. Selon certains écrits qu'il s'était d'ailleurs empressé de faire disparaître après les avoir découverts, un Jongen avait même été, en 1302, un des plus fameux généraux de la Bataille des Eperons d'Or, celle-là même dont la commé-

_____

3 En flamand (substitut local du néerlandais), « Jongen » est le pluriel de *Jong*, à la fois adjectif (« jeune ») et substantif (« jeune homme »). (N.d.T.)

côté intrisoul, provocateur (handwritten annotation)

moration donnait, depuis, lieu à la Fête de la Nation flamande [4] – journée à l'occasion de laquelle il mettait d'ailleurs un point d'honneur à travailler deux fois plus que d'habitude, histoire de bien faire comprendre à ses collègues flamands qu'il n'était pas question pour lui d'en faire un jour férié.

A vrai dire, Jongen souffrait encore des séquelles de cette habitude qu'avaient conservée les Belges jusqu'au début du XXe siècle de contracter des mariages mixtes entre Flamands et Wallons. Tombée peu à peu en désuétude (en attendant d'être légalement proscrite), cette pratique avait eu pour effet de causer dans l'ensemble du pays un large brassage de population, à telle enseigne que nombre de Wallons se trouvaient flanqués d'un patronyme d'origine flamande, et qu'un pourcentage comparable de Flamands étaient affublés d'un nom d'essence indéniablement galloromaine.

Pareille situation, qui eût pu sembler sympathique dans tout autre pays, était ressentie comme une faiblesse en Belgique, des hommes politiques dénommés Delahaut

---

4 De la même façon qu'elle bénéficie, pour une population d'à peine dix millions d'habitants, de trois Communautés, trois Régions, quatre régions linguistiques, dix provinces, trente-six ministres et cinq cent quatre-vingt deux communes, la Belgique s'enorgueillit de compter à elle seule trois fêtes nationales : une pour l'ensemble du pays, une pour les seuls Flamands et une pour les seuls Francophones – les Germanophones n'ayant pas encore revendiqué la leur. Cette spécificité la place en tête de tous les pays de la Communauté européenne pour ce critère, tant en chiffre compensé par population qu'en chiffre absolu. (N.d.T.)

(Guido) ou Vandenmeulebroeck (Constantin) éprouvant toujours quelque gêne et un certain problème d'identité à s'entendre conspuer l'un, l'insupportable arrogance francophone, l'autre, la méprisante domination flamande.

Il avait bien tenté un moment de changer de nom et de se faire appeler, plus conformément à ses options idéologiques, « Lejeune », mais, malgré l'assistance des meilleurs avocats, il n'était pas arrivé à faire, auprès de l'administration, la preuve irréfutable du caractère ridicule ou infâmant du patronyme que lui avait légué son père en seul héritage [5].

Ce père. Quelques journalistes mal intentionnés avaient cru bon de révéler qu'il était né dans un petit village limbourgeois, au cœur de l'honnie terre flamande, et que ce n'était qu'après avoir mené toute sa scolarité en flamand qu'il s'était installé à Liège, ayant entre-temps repris l'affaire et la fille d'un négociant en vins local. Jongen avait eu beau protester tour à tour de la basse extraction sociale de son géniteur, fils de paysans, de sa conversion

---

5 Cette procédure ne semble jamais avoir été utilisée pour la flamandisation d'un patronyme francophone, ni d'ailleurs pour la francisation d'une identité flamande. Le plus souvent, il y est recouru par des anciens immigrés devenus belges qui souhaitent se fondre pleinement dans leur nouvelle identité, par quelques bourgeois anoblis par le Roi qui veulent se doter de particules ou ajouter l'appellation de leur maison de campagne à leur nom trop commun, ainsi que par les quelques Connard, Cocu et autres Moncu dont les géniteurs n'avaient pas encore songé à utiliser cette possibilité légale. (N.d.T.)

tout comme son fils en son univers →

irréversible quoique tardive à la cause francophone et de la pureté de son ascendance maternelle qui, chez d'autres, lui eût tenu lieu de légitimité : rien n'y avait fait. Il était un immigré de la deuxième génération et restait à ce titre, aux yeux de certains wallons de pure souche, éternellement suspect.

Ainsi, la combinaison d'un signifié par trop signifiant et d'une ascendance insuffisamment pure avait valu à Jongen d'échouer par deux fois dans la course à la présidence de l'Ordre de Résistance Francophone à la Flamandisation de Bruxelles, de médiocres candidats au patronyme ou aux origines plus conformes lui ayant été chaque fois préférés. Restant pourtant convaincu de la justesse des objectifs du mouvement, il n'avait point cessé, malgré ces revers, de militer dans ses rangs, affichant par là un idéalisme et une magnanimité qui lui avaient même valu l'estime de ses adversaires flamands.

C'était d'ailleurs ce militantisme sans répit qui lui donnait l'occasion ce jour-là de se retrouver avec deux de ses camarades, menottés et encadrés de cinq gendarmes – dont celui qui quelques instants plus tôt l'avait utilisé comme monture et que, à tout prendre, il préférait assis à ses côtés que dessus lui – dans une camionnette filant toutes sirènes hurlantes vers le siège central de la gendarmerie de Bruxelles.

II

Où l'on en apprend plus sur les loisirs du héros.

Ce devait être pourtant une action de routine.

Comme il le faisait régulièrement chaque fois que son audience dans les médias semblait en baisse, l'Ordre de Résistance Francophone à la Flamandisation de Bruxelles avait décidé, en comité central, d'entreprendre une de ces éclatantes manifestations de francophonie résistante dont il avait le secret. Il devait s'agir cette fois de déverser vingt kilos d'ordures ménagères flamandes dans le grand hall du bureau de poste central de Bruxelles, action éminemment symbolique s'il en fût puisqu'elle avait pour double objectif :

– de protester contre la présence surnuméraire de fonctionnaires flamands derrière les guichets dudit bureau ;

– de stigmatiser « l'inacceptable comportement d'allégeance du gouvernement régional bruxellois » qui tolérait que quarante pour cent des déchets ménagers incinérés sur son territoire vinssent de la région flamande, alors que, selon toutes les statistiques officieuses [1], les Flamands ne

---

1 Les proportions exactes de Flamands et de Francophones habitant la capitale du royaume étant considérées – non sans raison – comme une question politiquement explosive en Belgi-

représentaient à Bruxelles que vingt pour cent au plus de la population.

Désignée sous le nom de code « Opération Sproutspoed »[2], l'action avait été soigneusement préparée. Le comité central l'avait confiée à un commando d'élite, placé sous le commandement de Jongen – sa formation d'officier de réserve dans les troupes spéciales d'intervention de l'armée lui valait d'être souvent désigné pour remplir ce rôle –, et composé avec lui de deux durs du mouvement, tous deux adeptes d'une francophonie dominatrice et conquérante : Guy Vanderauwera, un professeur de géographie de trente-deux ans, et Julien Gijselink, un facteur de vingt-trois ans. Ce dernier avait été retenu nonobstant son jeune âge et son admission récente dans l'Ordre, sa connaissance de l'administration postale étant considérée comme un gage de réussite de l'opération.

Plusieurs reconnaissances préalables des lieux avaient été entreprises, six points stratégiques – deux par participant – avaient été choisis pour le déversement des ordures, et le temps nécessaire pour la retraite avait été soigneusement minuté. Un quatrième complice les attendrait avec quatre vélomoteurs dans un parking voisin, et ils n'auraient plus qu'à se fondre dans les embouteillages qui, en ces

---

que, les statistiques officielles sont assorties du sceau « Confidentiel Défense », et la publication de chiffres officieux par voie de presse est punie d'une peine de six à douze mois de prison ferme ; l'auteur semble n'avoir pas voulu prendre de risques. (N.d.T.)

2 Jeu de mot intraduisible, basé sur divers mots et onomatopées belges. (N.d.T.)

jours précédant Noël, paralysaient tout le centre de la capitale. « Sproutspoed » avait été fixée au mercredi 18 décembre à 16 heures.

Comme convenu et pour ne pas attirer l'attention, Jongen, Vanderauwera et Gijselink arrivèrent séparément au lieu de rendez-vous, un sous-sol du bureau de poste où les vingt-cinq kilos d'ordures avaient été préalablement entreposés par la MBS, une entreprise d'incinération qui était devenue le fournisseur attitré de l'Ordre en déchets en tous genres. Certes, la M.B.S. était plus chère que ses concurrentes, mais la fiabilité et la qualité de son service étaient à ce prix : avec elle, point n'était besoin de fouiller les ordures fournies pour en vérifier la provenance flamande, puisqu'elles étaient livrées avec un label d'authenticité assorti d'une garantie de remboursement majorée de dommages et intérêts. En outre, afin de ne pas attirer l'attention, le précieux chargement avait été emballé, suprême astuce, dans de grands sacs de jute, ceux-là même que la poste utilise pour le transport du courrier. C'est par de tels détails, qui font la différence entre un service correct et un service de qualité, que la MBS avait assis sa supériorité commerciale auprès de tout ce que la Belgique et l'Europe comptaient alors de mouvements revendicatifs de toutes espèces.

Après avoir envisagé de porter des uniformes de postier (que Gijselink eût pu facilement leur fournir), les trois complices avaient finalement choisi de se vêtir en éboueurs, la salopette jaune protégeant leurs vêtements des flétrissures ordurières (d'autant plus ordurières, soulignaient-ils, qu'elles étaient flamandes). Mieux encore, l'indispensable passe-montagne en laine verte garantirait leur anonymat. Tous trois occupaient en effet des fonctions professionnelles qui se seraient mal accommodées d'une trop grande publicité donnée à ce genre d'activités parallèles.

Pénétrant en courant dans le bureau de poste flanqué de ses deux sacs postaux, Jongen eut la satisfaction de constater qu'un attroupement s'était déjà formé autour d'une voiture émettrice de la télévision stationnant en double file. Comme prévu, un reportage sur leur opération serait donc diffusé le soir au Journal télévisé de la RTBF : l'Ordre disposait à la télévision de service public de quelques sympathisants, et s'était arrangé pour qu'une équipe soit justement présente au bureau de poste lorsque l'action aurait lieu. L'action de ce jour était en effet de celles qui n'ont de sens que si elles font l'objet d'une vaste couverture médiatique, et qui ne sont organisées que dans la mesure des disponibilités des journalistes compétents.

Quand il arriva devant le guichet qu'il s'était assigné pour le déversement du contenu de son premier sac (une action en étoile avait été prévue, chaque membre du commando s'étant vu désigner deux points à souiller), Jongen comprit, mais un peu tard, qu'ils avaient été trahis. Le préposé face auquel il devait libérer sa première cargaison portait un képi qui n'avait rien de postal, et trop d'étoiles à l'épaulette gauche pour être le pusillanime fonctionnaire qu'il s'attendait à rencontrer à cet endroit. Tous les guichetiers du bureau de poste avaient été remplacés par des

policiers qui n'eurent aucun mal à maîtriser les trois agi-
tateurs, aidés en cela par la quinzaine de gendarmes déguisés en clients. Le piège était imparable, et toute résistance
s'avéra rapidement vaine.

Il y avait donc un traître au sein de l'Ordre.

III

Où l'on fait connaissance avec la famille du héros,
et où l'on visite son logis lointain.

Ce n'était pas la première fois que Jongen et ses compagnons d'excursion visitaient les locaux de la gendarmerie centrale. A plusieurs reprises, ils avaient été semblablement interpellés à l'occasion de manifestations interdites, de badigeonnages clandestins dans les couloirs du métro ou sur les bâtiments flamands de la capitale, ou d'autres opérations médiatiques susceptibles d'enrichir leur casier judiciaire. Ses passages étaient devenus si réguliers que Jongen connaissait d'ailleurs la plupart des gendarmes de l'état-major. Les Flamands, bien sûr, lui témoignaient une animosité aussi manifeste que compréhensible, mais avaient fini par renoncer à l'interroger, les méthodes de persuasion les plus efficaces n'ayant jamais réussi à lui faire prononcer la moindre réponse à une question qui ne fût posée en français. Les francophones, par contre, appréciaient la courtoisie avec laquelle il se soumettait à leurs interrogatoires, et certains même lui vouaient une sympathie réelle, voire une admiration discrète [1].

---

1 A la gendarmerie – comme d'ailleurs dans toute collectivité

Cette fois encore, les formalités furent prestement remplies : Jongen et ses compagnons purent regagner leurs foyers respectifs juste assez tôt pour suivre à la télévision le reportage consacré à leur opération. Bien préparé, le cameraman avait réussi à filmer le déversement du premier et seul sac d'ordures (les autres furent confisqués par le Parquet, descendu peu après sur les lieux), et avait ensuite consacré de longs plans à l'arrestation du commando, le journaliste stigmatisant avec le militantisme nécessaire la brutalité avec laquelle les trente représentants des forces de l'ordre – « en majorité flamands », précisa-t-il – avaient arrêté les trois résistants francophones.

Après avoir longtemps vécu dans un modeste appartement d'une commune du sud de Bruxelles où le pourcentage de Flamands ne dépassait pas le seuil de tolérance admis par les francophones les plus orthodoxes [2], les Jongen

---

belge comptant trois membres au moins –, les rivalités linguistiques ne sont pas absentes. Ainsi, dans les brigades bruxelloises, il a été décidé, pour mettre fin à d'incessantes querelles, que les véhicules seraient conduits alternativement par un Francophone ou par un Flamand selon qu'ils circuleraient dans une commune dont l'initiale était comprise entre A et M ou entre N et Z. Système qui, selon le rapport présenté en 1990 par la commission parlementaire d'enquête sur le grand banditisme, le terrorisme et le maintien de l'ordre, aurait parfois occasionné de légers retards dans certaines poursuites. (N.d.T.)

2 Fixé, par résolution commune de tous les partis et mouvements francophones, à cinq pour cent, sauf pour six communes bruxelloises où, par arrêté royal délibéré en conseil des ministres,

situation cocasse et ridicule à la fois

avaient, trois ans plus tôt, fait construire à Wezembeek-Oppem [3] une maison simple, mais confortable. Une promotion importante au ministère, qu'il servait de longue date, et l'arrivée concomitante d'un bel héritage venu de la famille de son épouse Isabelle leur avaient permis d'obtenir l'emprunt nécessaire à l'achat du terrain (assez cher, bien que situé en région flamande) et à la construction de la demeure. Ils y coulaient des jours heureux, quoique Isabelle eût été obligée de renoncer à ses activités professionnelles d'avocate pour assurer notamment les transports quotidiens de leurs fils vers le collège huppé du sud de la capitale qu'ils continuaient à fréquenter malgré leur déménagement (du lundi au vendredi, plus les réunions scoutes le samedi après-midi), ainsi que vers l'académie de musique où ils apprenaient, l'un le violon (le mercredi) et l'autre le piano (le vendredi) et le solfège (les mardi et

---

il a été décidé, à titre temporaire, de permettre des inscriptions flamandes jusqu'à concurrence de dix pour cent de l'ensemble de la population. En réalité, à Bruxelles comme dans l'ensemble du pays (et, d'ailleurs, de l'Europe, voire même de la planète), c'est surtout au nord que l'on rencontre les Flamands. (N.d.T.)

3 Située en région flamande, cette commune est un peu le Neuilly de Bruxelles. Ayant considéré que les Flamands sont à tout prendre plus supportables que les immigrés, européens ou non, résidant à Bruxelles, de nombreux francophones s'y sont installés au cours des dernières années. A titre de pacification communautaire, il leur a été permis de remplir leurs déclarations d'impôts (qu'ils ont plutôt volumineuses) en français. Espérant qu'ils seront moins aptes à frauder en flamand, certains songent maintenant à leur retirer le bénéfice de ces facilités. (N.d.T.)

samedi matin), et vers le club sportif où ils s'initiaient aux joies du tennis (le lundi), de l'athlétisme (le mercredi) et du hockey (entraînement le jeudi, match le dimanche, les parents se relayant pour assurer le déplacement en cas de rencontres à l'extérieur).

Bien sûr, lors du déménagement, Isabelle avait ingénument suggéré que les garçons suivent désormais les cours de musique et de sport dans leur nouvelle commune : leur maison ne jouxtait-elle pas un splendide complexe sportif récemment édifié à grands frais par la municipalité avec le soutien de la Communauté flamande, complexe lui-même voisin d'une académie dont on savait les professeurs largement sous-employés ? Une telle solution eût toutefois supposé qu'ils reçussent un enseignement dans la langue locale. C'est-à-dire le flamand.

— Quoi, tu veux que mes fils suivent des cours en flamand ?

— Mais ils le parlent parfaitement. C'est toi même qui as insisté pour qu'ils l'apprennent !

— Cela n'a rien à voir. J'ai toujours dit qu'il était utile de connaître la langue de l'occupant pour mieux lui résister, mais ce n'est pas une raison pour abdiquer aussitôt son identité. Tu imagines le ridicule si on apprenait à l'Ordre que mes fils apprennent la musique et le sport en flamand ? Et pourquoi pas l'école en flamand, tant que tu y es ?

— Justement, on m'a parlé d'un collège ici tout près...

L'orage éclata, puis le couple se réconcilia autour de la promesse qu'Eric prendrait sa part dans les nouvelles fonctions de chauffeur qui leur étaient désormais dévolues par les hasards des flux migratoires et des affrontements linguistiques. Promesse rapidement oubliée, ou, plus exactement, prestement convertie à l'initiative d'Eric en achat pour Isabelle d'une nouvelle voiture plus confortable (pour les déplacements), plus puissante (pour gagner du temps), et pourvue d'une superbe chaîne stéréo (pour les attentes).

Il n'empêche. Trois ans après leur installation, Isabelle en était encore à se demander ce qui avait poussé Eric à décider de s'installer dans une commune dont l'environnement lui était à ce point insupportable. Sinon, justement, ledit environnement. Tant il est vrai qu'il n'y a rien de tel que l'adversité pour forger ses convictions.

Ce soir-là, comme chaque soir, c'est devant leur poste de télévision que Eric, Isabelle et leurs deux fils, Charles, quatorze ans, et Serge, neuf, prirent leur repas. Tous suivirent religieusement le Journal télévisé, et il n'y eut que Serge pour troubler, d'un nasillard « oh, là, c'est papa, je l'ai reconnu malgré son déguisement » plein de fierté filiale, le reportage consacré à l'expédition. Le succès médiatique ayant été assuré, Eric déboucha une bouteille de mousseux qu'ils burent à la santé de l'Ordre. Et, tandis qu'Isabelle et les enfants débarrassaient la table, il s'éclipsa discrètement pour aller rejoindre ses camarades en leur lieu de rencontre habituel. Il s'imposait en effet de tirer les leçons de la mésaventure de l'après-midi.

IV

*Où l'on évoque les fortunes diverses de la carrière
agricole du héros et l'intervention déterminante d'une
bonne fée.*

Le lecteur rompu aux mœurs de la fonction publique
l'aura deviné : l'activisme politique de Jongen n'avait pas
été sans poser de problèmes dans son cursus professionnel.
Certains de ses supérieurs, et pas seulement flamands,
avaient plus d'une fois jugé contraire aux obligations de
réserve et de dignité inhérentes à sa fonction qu'il s'affichât
ainsi dans diverses opérations qui, pour être pittoresques,
n'en restaient pas moins en marge de la légalité.

Cela avait commencé par quelques remarques acerbes
quand son nom avait figuré dans la liste, révélée par un
hebdomadaire crypto-trotskyste, de douze mille deux cent
quarante-sept militants politiques de tous genres, toutes
origines et toutes obédiences placés sur écoute téléphoni-
que par la Sûreté de l'Etat. Cela s'était poursuivi par un
blâme lorsque, à l'occasion d'un reportage télévisé qui avait
d'ailleurs fait le tour de la planète, on l'avait reconnu parmi
les manifestants qui, à l'issue d'un défilé militaire du 21
juillet [1], avaient réussi à promener en laisse devant la tri-

---

1 A la différence des fêtes nationales flamande et francophone
(Cfr note, p. 14), la fête nationale se caractérise par la présence

bune royale un bataillon complet de coqs au plumage gueule et or. Cela avait failli tourner à la révocation lorsqu'il avait été surpris en train de photocopier, sur les machines du ministère, un tract appelant à un jet de tomates (wallonnes) sur le ministre (flamand) de l'Agriculture. Jongen était alors, il faut le préciser, deuxième correspondant sous-chef de bureau à la direction des Affaires avicoles du ministère – national – de l'Agriculture.

On mentirait en disant qu'il avait embrassé par passion la carrière publique. Un vague sentiment de retour aux sources, discrètement ambiant dans le 1968 de ses seize ans, l'avait conduit à entreprendre des études d'ingénieur agronome par fidélité à la mémoire de son grand-père : sans doute avait-il à peine connu ledit aïeul, mais son absence avait justement permis à cette image familiale imprécise et lointaine de se substituer à celle d'un père dont la destinée œnologique et commerciale avait tout pour stimuler un solide sentiment de révolte adolescente, moins discrètement ambiant dans le millésime précité. Les illusions soixante-huitardes avaient rapidement fondu, le retour à la terre ne serait pas son lot, mais un mélange de réalisme et de paresse l'avait dissuadé de tenter d'autres orientations : sans flammes mais sans difficultés, il avait poursuivi ses études jusqu'à leur terme comme un bateau

---

d'un défilé militaire. Ne disposant pas encore d'armée officielle à utiliser dans ces circonstances, les Communautés flamande et française se contentent de faire défiler pour leur fête nationale des écoliers, des athlètes, des ménagères, des tracteurs, des assistantes sociales ou des ministres. (N.d.T.)

sur son erre. La jeune étudiante en droit sur laquelle il avait fini par jeter son dévolu ayant, moins encore que lui, le goût de l'élevage et des pâturages, il ne lui était resté d'autre débouché pour sa formation que les concours de recrutement du ministère de l'Agriculture.

En ces temps de crise, la stabilité d'emploi n'était finalement pas une quête plus absurde qu'une autre. Peut-on, d'ailleurs, en Belgique, avoir d'autre objectif en embrassant la carrière publique ? Outre le fait qu'aucune école, ni grande ni moyenne, n'y prépare, l'idée même de sens de l'Etat relève du concept exotique tant l'Etat paraît chose difficile à appréhender.

Seuls des appuis politiques influents lui avaient permis d'échapper à la révocation : sur le conseil d'autres membres de l'Ordre qui en faisaient partie, Jongen avait adhéré au Parti socialiste. Par conviction, assurément – il avait toujours voté à gauche [2] –, mais aussi par réalisme : comme nombre de ses coreligionnaires du ministère, Jongen avait compris que, tant qu'à se faire adouber par une formation politique, le mieux était d'opter pour celle qui avait la réputation d'être la plus puissante et, partant, la plus efficace dans la gestion des carrières de ses affiliés. Il avait vu assez de serviteurs de la rose, entrés après lui, rapidement promus à des postes de responsabilité qu'il n'avait jamais pu atteindre, pour ne pas comprendre que ce sésame – finalement assez peu coûteux – lui assurerait désormais

---

2 A l'époque de cette conversion, le Parti socialiste était dans l'opposition et pouvait réellement passer, aux yeux d'un observateur raisonnablement averti, pour un parti de gauche. (N.d.T.)

une tranquillité professionnelle d'autant plus appréciable que ses activités dans l'Ordre requéraient une disponibilité toujours croissante.

Ce ralliement fut d'autant plus aisé que son prix n'était pas élevé. Hors une cotisation annuelle des plus symboliques, Jongen dut seulement, conformément à la tradition belge [3], s'affilier à une caisse mutuelle d'assurances socialiste, se faire soigner désormais dans des hôpitaux socialistes et placer son épargne auprès d'une banque socialiste [4]. Seules les réticences d'Isabelle, généralement peu encline à l'idée de changer les habitudes des enfants, le retinrent de transférer du même tenant leur progéniture dans des établissements laïques, sinon socialistes : Charles et Serge restèrent dans l'établissement catholique qui avait présidé jusque-là à leurs destinées scolaires, mais, pour des raisons de discrétion évidente, Eric et Isabelle abandonnè-

---

[3] Outre le clivage linguistique précédemment évoqué, la Belgique est divisée en trois tendances : selon que la maternité dans laquelle il voit le jour est libérale, chrétienne ou socialiste, tout Belge normalement constitué passe ensuite par une crèche, une école, un mouvement de jeunesse, une caisse d'assurances mutuelle, une banque, un syndicat, une maison de retraite et une entreprise de pompes funèbres appartenant au même courant. (N.d.T.)

[4] Vingt ans plus tôt, Jongen eût également dû s'abonner à un des quotidiens du Parti socialiste. La disparition de la plupart de ceux-ci a conduit aujourd'hui le parti à accepter que cette obligation de bonne information soit remplacée par l'assistance régulière aux journaux télévisés d'une des deux chaînes de télévision francophone contrôlées par le parti. (N.d.T.)

rent toute participation à l'association de parents, en ce compris l'animation traditionnelle d'un stand de brocante à la fancy-fair bisannuelle de l'école.

Du jour de cette conversion, la vie professionnelle de Jongen fut transfigurée. Non seulement il échappa à la révocation, mais il ne lui fallut pas deux mois pour décrocher la promotion espérée depuis tant d'années. Ce fut le début d'une ascension vertigineuse qui vit l'importance de ses titres et rémunérations croître de façon inversement proportionnelle à l'utilité de son travail et au nombre d'heures effectivement prestées. Lorsque, à la faveur d'une énième révision constitutionnelle, il fut décidé de confier aux gouvernements régionaux la compétence en matière d'agriculture, il se retrouva en bonne place pour obtenir une fonction importante dans le ministère, nouvellement créé, de l'Agriculture de la région de Bruxelles [5] : le secrétariat général du ministère lui échappa de peu au profit d'un camarade socialiste qui présentait l'avantage d'une appartenance à une loge d'obédience plus traditionnelle, mais la direction générale des Affaires fourragères lui revint tout naturellement.

5 Avec trois cent quatre-vingt sept agents pour une superficie agricole totale de trente hectares au plus, le ministère de l'Agriculture de la région de Bruxelles offre un ratio d'occupation des fonctionnaires des plus intéressants. (N.d.T.)

V

Où l'on comprend enfin ce qu'est l'Ordre de Résistance Francophone à la Flamandisation de Bruxelles. Où l'on est instruit sur ses activités, ses membres et ses ennemis.

C'est dans un petit café du boulevard Lemonnier, pas loin de la Grand-Place, que les membres de l'Ordre de Résistance Francophone à la Flamandisation de Bruxelles avaient coutume de se réunir. Comptoir alu et formica, tables de contreplaqué, éclairage au néon et chaises inconfortables, l'endroit n'avait assurément aucun charme particulier, mais l'impersonnalité de l'estaminet – poussée jusqu'à ne pas porter d'autre nom que celui de la marque de bière qui le fournissait ordinairement – lui donnait précisément l'avantage de ne point y attirer de touristes en mal d'exotisme, et de permettre aux militants de définir leurs stratégies à l'abri d'oreilles indiscrètes. En outre, bien que les Flamands n'y fussent pas officiellement interdits – afficher à l'entrée un avis en ce sens eût par trop risqué de causer des incidents malvenus –, aucun d'entre eux n'avait l'habitude de fréquenter les lieux, le patron se refusant à parler toute autre langue que le français et ne diffusant comme musique que celle de bardes wallons, picards et, éventuellement, québécois.

La réunion ayant été convoquée en toute hâte à la suite des événements de l'après-midi, ils n'étaient qu'une douzaine à être présents ce soir-là. Il y avait bien sûr Jongen, Vanderauwera et Keyzemol (le complice aux vélos), mais Gijselinck, puni par ses parents pour avoir, sans leur permission, participé à l'exécution manquée, avait demandé qu'on l'excusât. Il y avait aussi Georges Van Rompaey, le président récemment élu de l'Ordre, par ailleurs pénaliste réputé et ténor du Barreau de Bruxelles, et Pierre Peeters, un enseignant cumulant les fonctions de secrétaire et de trésorier. Il y avait encore Clijsters, Bovemans, Verroken, De Meulenaer, les frères Roderijn, Walkeniers et Dillen. Sans oublier Josyane Middelmatig, une des rares femmes du mouvement, mais une militante des plus convaincues et des plus dévouées à la cause, qui avait rejoint les rangs de l'Ordre après avoir été abandonnée, avec ses huit enfants, par un mari flamand qui avait refait sa vie à Charleroi avec une Liégeoise.

Fondé en 1985 par une poignée de dissidents du FDF [1],

---

1 Front Démocratique des Francophones : formation politique créée pour revendiquer des ministres bruxellois, un parlement bruxellois, des attachés de cabinet bruxellois, un budget bruxellois, une dette extérieure bruxelloise, une gestion bruxelloise de déchets bruxellois et des embouteillages spécifiquement bruxellois. Depuis qu'il a obtenu satisfaction sur tous ces points, recevant en sus des secrétaires d'État bruxellois, une procédure électorale bruxelloise, des ordonnances régionales bruxelloises, des ordonnances d'agglomération bruxelloises, des ordonnances bicommunautaires bruxelloises, une Commission communautaire française bruxelloise, une Commission communautaire flamande

l'Ordre rassemblait, toutes classes sociales confondues, une cinquantaine de francophones, Bruxellois de souche ou émigrés wallons, émus de voir chaque jour la présence flamande de plus en plus marquée à Bruxelles. C'étaient bien sûr les chiffres de natalité, qui démontraient que les couples flamands produisaient en moyenne 2,3 petits, alors que leurs équivalents francophones ne donnaient naissance qu'à 1,9 bébé : ce qui, compte tenu d'une évolution exponentielle probable mais aussi d'un coefficient de correction de 0,8, devait conduire Bruxelles à être peuplée d'autant de Flamands que de francophones vers l'an 2412. C'était aussi le constat, quotidiennement vérifié par chacun d'entre eux, d'une implantation immobilière massive des institutions flamandes à Bruxelles : à côté de la Cathédrale Saint-Michel [2] d'abord, au bord du canal Bruxelles-

bruxelloise, une Commission communautaire commune bruxelloise, une Assemblée bruxelloise de la Commission communautaire française bruxelloise, une Assemblée bruxelloise de la Commission communautaire flamande bruxelloise, une Assemblée bruxelloise de la Commission communautaire commune bruxelloise, un Collège bruxellois de la Commission communautaire française bruxelloise, un Collège bruxellois de la Commission communautaire flamande bruxelloise et un Collège bruxellois de la Commission communautaire commune bruxelloise, le FDF se demande à quoi il va bien pouvoir encore servir, et trompe son angoisse en escaladant des sommets de démagogie verbale. (N.d.T.)

2 Haut-lieu ecclésial, architectural et symbolique de Bruxelles, ainsi nommé depuis que la vertu de sa patronne précédente (Sainte-Gudule) a été mise en doute par le Concile de Vatican II. Pour que les Bruxellois puissent mieux admirer la cathédrale, les autorités

Charleroi ensuite, autour du Parc de Bruxelles [3] encore, sans parler des rumeurs de rachat prochain du Botanique [4] et du Berlaymont [5]. Tout ceci alors que, dans le même temps, les institutions wallonnes et francophones étaient installées en un lieu indéterminé sis entre Bruxelles et Namur [6]. C'était enfin la désolation face au nombre crois-

---

ont eu soin de détruire, au lendemain de la guerre, toutes les maisons vieillottes qui l'entouraient pour les remplacer par un large boulevard de style bucarestien. (N.d.T.)

3 Autre lieu symbolique de Bruxelles. En se plaçant au milieu, on peut voir à la fois le pouvoir législatif (le Parlement), le pouvoir exécutif (le Palais Royal et la résidence du Premier ministre), le pouvoir économico-aristocratique (la Société Générale et le Cercle Gaulois), le pouvoir judiciaire (le Palais de Justice) et le pouvoir flamand (le cercle De Warande et la résidence du Premier ministre). C'est là que, en 1830, les patriotes belges (essentiellement francophones, à tel point que, cent soixante-cinq ans plus tard, les dits patriotes croient encore que l'amnistie des collaborateurs ne profiterait qu'aux seuls Flamands) combattirent l'occupant hollandais (race nordique de Flamands). (N.d.T.)

4 Centre de presse attitré du Parti socialiste francophone. Sert aussi parfois à l'organisation de manifestations culturelles. (N.d.T.)

5 Longtemps siège de la Commission des Communautés européennes, ce vaste et fonctionnel bâtiment de style *ans-pires* a été abandonné par les eurocrates pour cause de loyer trop élevé et d'amiante. Les Flamands, qui ont les moyens financiers requis et qui résistent même à l'amiante, envisagent de le racheter. (N.d.T.)

6 Les gouvernements successifs de la Région wallonne n'ayant pas encore décidé s'ils installeraient leur capitale sur leur territoire (à Namur) ou à l'étranger (à Bruxelles), les cabinets ministériels et l'administration ont finalement résolu de s'installer définitive-

sant de parents francophones choisissant, pour des raisons très diverses [7], de mettre leurs rejetons dans des écoles flamandes, avec le risque de voir ces innocentes têtes blondes définitivement converties à cette langue et cette culture abhorrées.

Bien que ne disposant que d'un nombre d'adhérents assez réduit, l'Ordre avait réussi, depuis sa création, à faire entendre sa voix par quelques actions et campagnes habilement conçues (son premier président, Joseph Vandezeur, était un publicitaire renommé). Faute d'impact médiatique, on avait rapidement renoncé à des techniques trop traditionnelles, telles que badigeonner de noir la version flamande des noms de rues et de villes sur les plaques indicatrices, ou peinturlurer sur les édifices flamands des inscriptions telles que « *Flamins go home* ». Par contre, une des actions les plus remarquées avait consisté à envoyer dans toutes les salles de cinéma du bas de la ville des militants déguisés en balayeurs qui, une fois le film com-

---

ment dans les camions de déménagement qui, régulièrement, les transportaient d'une ville à l'autre. Aux dernières nouvelles, la compagnie de déménagements qui assure ces transports pourrait être nationalisée (régionalisée ?). (N.d.T.)

7 Classes moins peuplées (bien que les Flamands fassent plus d'enfants, ils restent, à l'heure actuelle, moins nombreux à Bruxelles), moins grande fréquentation par les immigrés (à ce point barbares qu'ils n'ont pas encore saisi l'universalité de la culture flamande, et persistent à envoyer leur progéniture dans des écoles francophones), voire même, exceptionnellement, volonté d'apprentissage du flamand. (N.d.T.)

mencé, se servaient de leur balais pour cacher au public les sous-titres flamands projetés dans le bas de l'image.

De même, grâce à quelques bons relais médiatiques, l'Ordre avait pu lancer dans le débat public quelques propositions radicales qui, pour n'avoir pas été concrétisées jusque-là, n'en avaient pas moins contribué à asseoir son renom et sa crédibilité de mouvement extrémiste. Certes, les idées consistant à créer des zones francophones et des zones flamandes dans les restaurants, des voitures francophones et des voitures flamandes dans le métro, ou encore le port d'un petit badge en forme de lion jaune par les Flamands [8], ne lui avaient valu qu'un succès d'estime. Par contre, la suggestion d'imposer des quotas maximum de présence flamande dans les administrations publiques à Bruxelles avait trouvé dans la classe politique traditionnelle un large écho, et plusieurs propositions d'ordonnances avaient été déposées en ce sens au parlement bruxellois.

Enfin, si l'Ordre était, par nécessité plus que par conviction, réticent à toute forme d'action violente préméditée telle que attentats, voitures piégées, assassinats, exécutions et putschs militaires [9], quelques glorieux faits d'armes lui avaient pourtant valu une notoriété accrue. Il s'était agi

8 Si une loi belge punit le racisme et la xénophobie, elle ne s'applique pas aux attaques perpétrées par les ressortissants d'une communauté du pays à l'égard de compatriotes de l'autre communauté. (N.d.T.)

9 De façon générale, l'extrémisme linguistique belge n'est que modérément violent. On ne sait si c'est dû au pragmatisme et au

noyau financier pur milieu du cri flamand (ce qui est un reflet de la réalité)

d'affrontements ponctuels menés contre des promeneurs [10] du principal ennemi de l'Ordre, la Grande Loge Bruocsella.

L'histoire de l'Ordre et celle de la Grande Loge étaient à ce point intimement mêlées que, comme dans la célèbre relation ovogallinacée, on ne savait plus lequel avait précédé l'autre. *the chicken and the egg* Apparus au même moment, les deux mouvements semblaient n'être nés que pour s'affronter, à tel point que l'on ignorait si l'Ordre avait été créé pour contrer la Loge, ou si la Loge avait été constituée pour résister à l'Ordre. Disposant, elle aussi, d'un effectif d'une cinquantaine de militants, la Grande Loge Bruocsella s'était donné pour but de hâter la flamandisation de Bruxelles et d'en chasser autant que possible les Francophones. A cet effet, elle était, elle aussi, passée par les actions traditionnelles de badigeonnages des inscriptions en français et de revendication d'une présence de cinquante pour cent de Flamands dans le personnel de conduite des tramways, mais avait également imaginé des initiatives plus originales et plus médiatiques telles que celles consistant à raser les cheveux des enfants francophones des écoles flamandes, à retarder d'une semaine la distribution de tout le courrier portant des adresses uniquement en français (la

_____

bon sens de la population : toujours est-il que les affrontements qui, dans d'autres contrées, auraient depuis longtemps dégénéré en conflit armé ou en terrorisme, continuent à se dérouler en Belgique sur un terrain plutôt clochemerlesque aux effets de catharsis. (N.d.T.)

10 En langue flamande, « manifestant » se traduit « promeneur ». (N.d.T.)

Grande Loge comptait pas mal de sympathisants dans les Postes), ou à exiger que « Faust », « Carmen » et « Pelléas et Mélisande » représentés à l'Opéra National fussent, un soir sur deux, chantés en version flamande [11].

Même effectif, mêmes types d'actions, mêmes relais médiatiques, même soutien discret d'une certaine classe politique, l'Ordre et la Loge ne se différenciaient en fait que sur un seul point : les moyens financiers. Alors que l'Ordre ne vivait que des cotisations de ses membres et de quelques sympathisants, organisant la plupart de ses opérations avec des bouts de ficelles, la Loge semblait disposer de fonds inépuisables. Quand l'Ordre se réunissait dans son petit café sans nom du boulevard Lemonnier, la Loge tenait ses assises dans les salons du prestigieux club flamand proche du Parc de Bruxelles. Quand les membres de l'Ordre enfilaient vêtements de sport ou effets de surplus militaires pour descendre sur le terrain, leurs ennemis de la Loge portaient tous le même uniforme, seyant, à la mode, léger en été ou renforcé en hiver, imperméable aux intempéries mais laissant respirer le corps à l'intérieur. Et quand un zélé sympathisant de l'Ordre faisait, à vélo ou à moto, le tour des rédactions des journaux pour y déposer un tract revendicatif ronéotypé, dactylographié sur une vieille machine mécanique dont la touche « t » tapait « s » et la touche « s » « w » (ce qui permettait d'ailleurs imman-

---

11 C'est par pur anachronisme que l'Opéra National continue à faire référence à l'idée d'une nation de plus en plus introuvable. La terminologie officiellement en vigueur depuis 1993 commanderait qu'on le désignât sous le vocable d'Opéra fédéral. (N.d.T.)

quablement d'authentifier lesdites revendications), la Loge faisait expédier par une firme privée américaine de courrier rapide des communiqués de revendication photocomposés et imprimés sur papier glacé, insérés dans de véritables dossiers de presse comprenant des photos noir et blanc et couleurs de l'action, et des résumés en anglais, allemand, espagnol, japonais voire même français du message.

Tout le monde s'interrogeait évidemment sur la provenance des fonds de la Loge. On soupçonnait aussi bien la CIA que le patronat flamand, le KGB que les rattachistes wallons (farouches adversaires, eux aussi, de l'Ordre), et le Parlement flamand avait même constitué une commission d'enquête parlementaire pour savoir si, oui ou non, le gouvernement flamand avait versé des subventions secrètes à la Loge par l'intermédiaire d'un centre culturel fantoche. Aucune preuve n'avait jamais pu être apportée de quoi que ce fût et, aujourd'hui encore, il paraît vraisemblable que la Loge était financée par un important lobby strasbourgeois. Une communauté d'intérêts s'était en effet rapidement dessinée entre les militants flamands et la capitale alsacienne : les premiers haïssaient les eurocrates, accusés tant de n'apprendre que le français lors de leur séjour en Belgique que de faire monter le prix des loyers, contraignant ainsi les Flamands de Bruxelles à l'exil économique vers la province et, par là, au recul de la présence flamande dans la capitale, tandis que la seconde avait rapidement compris qu'une flamandisation totale et sans concessions de Bruxelles, éloignant le spectre du district européen autonome et sous administration directe de l'Union européenne, était la meilleure façon de l'empêcher de prétendre à un statut de capitale de l'Europe [12].

Pour tracer avec toute la précision requise le cadre général de l'affrontement qui opposait l'Ordre et la Loge, il est encore besoin de préciser que celle-ci avait à sa tête une figure idéalement charismatique et médiatique : Lutgarde Delorme, brillante intellectuelle flamande, auteur de plusieurs ouvrages ayant fait autorité dans le domaine économique et conseiller occulte de nombre d'hommes politiques. Agée de quarante-cinq ans mais en paraissant dix de moins, les cheveux châtains bouclés coupés courts, les yeux noisette, le visage anguleux et la silhouette élancée, elle ne manquait pas d'un certain charme qui eût sans doute été à même de convertir à sa cause le plus convaincu des francophones si on ne lui avait prêté, apparemment à juste titre, une rigueur morale sans faille doublée d'une absence totale d'humour : mariée à un médecin discret, elle avait d'ailleurs contribué personnellement à quatre reprises à la flamandisation de Bruxelles. Quoi qu'il en fût, même en s'affichant mère de famille exemplaire plutôt que passionaria, Delorme disposait d'une supériorité intellectuelle telle que tous les francophones qu'on lui opposait dans des débats télévisés ou dans les réunions publiques ne résistaient jamais plus de quelques minutes avant d'être irrémédiablement écrasés, d'autant qu'elle parlait, en sus,

---

12 Cette piste fut explorée par *Le Canard Enchaîné*, mais il semble que l'Élysée – qu'on disait au courant de tout, et qui, selon certains, aurait été jusqu'à subventionner lui-même la Loge – ait réussi à faire étouffer l'affaire. (N.d.T.)

un français impeccable et dépourvu de tout accent. Ainsi, récemment encore, opposée à Van Rompaey au lendemain de l'accession de ce dernier à la présidence de l'Ordre, elle avait, de l'avis général, remporté une victoire ne souffrant aucune discussion, le déséquilibre intellectuel s'accroissant encore par une trop criante inégalité physique : le francophone était chauve, trapu, replet et, pour tout dire, disgracieux.

Toujours aussi chauve, trapu et replet – mais le fait avait ici moins d'importance, tant il est vrai que ses militants, hormis peut-être Josyane Middelmatig, le regardaient avec les yeux de la fidélité, éventuellement de la dévotion, mais en tout cas pas de l'amour et moins encore du désir –, Van Rompaey présida donc ce soir-là la réunion destinée à tirer les leçons de l'expédition manquée et à définir les nouvelles orientations stratégiques.

A parler franchement, il n'y eut point de leçons. Un traître ? Sans doute, mais tous ou presque étaient au courant de l'opération postale, et le nombre de suspects potentiels, même à retirer du lot le président, le secrétaire général, les quatre membres du commando (et encore, comment être sûr que le traître n'était pas parmi eux ?) et ceux qui ne savaient rien, se montait encore à plus de soixante en comptant tous les conjoints à qui l'un ou l'autre avait pu s'ouvrir du projet.

VI

Où germe une idée qui va bouleverser la vie des membres de l'Ordre. Où l'on apprend de bien inquiétantes précisions sur la puissance militaire flamande à Bruxelles.

Difficile de dire aujourd'hui qui fut le premier à évoquer le projet. Selon certains, ce fut l'aîné des Roderijn (le moustachu sans lunettes). Pour d'autres, ce fut Clijsters. On a même prétendu un moment qu'elle vint de Josyane Middelmatig, mais le caractère généralement timoré de celle-ci rend peu probable une telle audace. Toujours est-il que c'est indéniablement ce soir-là que l'idée fut énoncée pour la première fois, sans pour autant qu'on en mesurât encore toutes les conséquences.

La nuit était déjà très avancée, et le patron du café sans nom avait cessé de nettoyer les verres qui s'amoncelaient désormais sans pudeur sur les tables et le comptoir.

La nuit était déjà très avancée, mais la discussion s'était à ce point animée que personne ne paraissait – ou ne voulait – s'en rendre compte. Comme souvent en pareilles circonstances, quelqu'un s'était remis à fantasmer sur l'imminence d'une flamandisation totale et, l'alcool aidant, d'autres avaient suivi, imaginant quantités de scénarios catastrophes décrivant tous, avec un luxe de détails à vous faire frissonner, l'intolérance, l'inhumanité et l'exclusion qui s'abattaient alors sur les rares francophones restants. Au nombre desquels chacun se comptait évidemment, puisque tant le serment prêté pour l'entrée dans l'Ordre que les convictions intimes de tout membre digne de ce nom supposaient que, même en cas de survenance de l'événement abhorré, nul ne quitterait son poste de francophone bruxellois, fût-il minoritaire et brimé.

Souvent, déjà, les débats vespéraux au café sans nom avaient pris ce tour catastrophiste. La cohésion du groupe et la persistance de ses idéaux devaient sans doute beaucoup à ce genre de séances de psychose collective qui en entretenaient la raison d'être : de la même façon, le culte hebdomadaire, où le mal est autant évoqué que le bien, conforte les croyants dans leur foi. Mais, ce soir-là, les imaginations se débridèrent plus que jamais, et tous crurent que c'était arrivé, à tel point que personne ne s'étonna quand quelqu'un proposa, comme s'il se fût agi de la réaction la plus naturelle :

— Eh bien, dans ces conditions, il faut prendre le maquis.

— C'est sans doute ce qu'il faudra faire, murmura Van Rompaey, hochant la tête d'un air pensif.

— Non, je veux dire, ce qu'il faut faire, dès maintenant, dès aujourd'hui. Sans attendre qu'il soit trop tard.

Nés pour la plupart après la Libération, les militants de l'Ordre, comme nombre d'enfants nés dans le quart de siècle qui a suivi la guerre, avaient été éduqués dans le souvenir des exploits glorieux de leurs parents. Leur vindicte à l'endroit d'une nation flamande qu'ils avaient pris l'habitude de considérer comme uniment collaborationniste ou, à tout le moins, coupablement passive, les poussait à assimiler leur combat à celui qu'avaient mené – du moins le prétendaient-ils, et personne n'aurait osé mettre ces allégations en doute – leurs pères et mères, cinquante ans plus tôt. L'occupation allemande et la montée de l'hégémonie flamande n'étaient finalement pour eux que les déclinaisons successives d'un même pangermanisme, et le mythe de la résistance s'inscrivait naturellement dans cette continuité. De la résistance au maquis, il n'y avait naturellement qu'un pas, et c'est ce soir-là qu'il fut franchi.

Prendre le maquis sans attendre, c'était s'assurer une installation aussi confortable que possible dans la clandestinité. Trop de résistants, cinquante ans plus tôt, avaient souffert de précarité faute d'avoir pu mieux organiser leur disparition : sans être exagérément bourgeois, les membres de l'Ordre étaient d'accord sur la nécessité de garder un minimum de confort matériel, condition indispensable pour garantir l'épanouissement fertile de l'inventivité politique qui était leur label de qualité.

Prendre le maquis sans attendre, c'était aussi garantir l'impunité pour les actions de guérilla urbaine menées jusqu'ici et pour toutes celles à venir : l'indifférence de certains médias aux combats de l'Ordre commandait en effet que l'on durcît quelque peu le ton, et un tel changement d'attitude n'irait pas sans conséquences pénales.

Prendre le maquis sans attendre, c'était enfin s'entourer de toutes les précautions en cas d'un déclenchement prématuré des hostilités directes. Si les chiffres tradition-

solution qui n'a aucune commune mesure avec le problème en tant que tel.

nellement avancés laissaient encore aux francophones quelque quatre siècles de domination numérique dans la capitale, un coup de force des Flamands n'était pas à exclure. Le durcissement croissant du ton des politiciens du nord du pays, sans cesse en quête d'une nouvelle avancée confédéraliste, et leur volonté obsessionnelle de faire mériter à Bruxelles son statut de capitale de la Flandre laissait craindre le pire. L'invasion militaire et l'occupation absolue n'étaient-elles pas pour demain ?

Depuis quelque temps, diverses rumeurs circulant dans les milieux francophones bruxellois faisaient état de véritables bases militaires cachées dans les sous-sols des principaux bâtiments officiels flamands. D'aucuns s'inquiétaient de la transformation de la bien-nommée place des Martyrs en bastion ménapien [1] entourant un héliport susceptible d'accueillir de gros transporteurs de troupes. Sans aller jusque là, d'aucuns faisaient observer que les centaines de milliers de Flamands qui débarquaient chaque matin à Bruxelles constituaient autant de soldats susceptibles d'être mobilisés et transformés en autant de forces d'occupation si, un jour, ordre leur était donné de ne pas regagner leur foyer à 16 heures 30 [2]. qui les a vus,

---

1 Peuplade gauloise implantée principalement dans les environs de Aduatica (l'actuelle Tongres), les Ménapiens sont considérés par nombre de francophones comme les ancêtres des Flamands actuels, de telle manière que la métaphore a fait florès dans le langage politique belge. (N.d.T.)

2 Chaque matin à huit heures, plusieurs centaines de milliers de Flamands – d'aucuns n'hésitent pas à avancer des chiffres dé-

leur ville principale était Castellum Menapiorum, aujourd'hui Kessel dans le Limbourg hollandais

47

du lundi au vendredi dans leur rituelle transhumance, n'hésitant pas à écraser les malheureuses automobiles et leurs occupants qui oseraient s'engager sur les passages cloutés conduisant à la gare centrale, ne peut douter de leur détermination : de telles gens sont prêts à tout.

Ces diverses raisons également confondantes poussèrent les membres de l'Ordre à en convenir : dès le mois suivant, tous prendraient le maquis. Restait encore à déterminer où et comment : présidé par Walkeniers, un groupe de travail fut mis sur pied pour étudier les modalités de l'opération, dénommée « Stoemmelinks ».

---

passant le million – surgissent des profondeurs de la terre bruxelloise : débarquant de trains bondés sur les quais de la Gare centrale, juste entre la Grand-Place et le Parc royal, ils se répandent en cohortes de fourmis silencieuses dans toutes les directions et viennent, sous le couvert de l'une ou l'autre occupation professionnelle, occuper la plupart des lieux stratégiques. (N.d.T.)

VII

Où l'on voit les membres les plus influents de l'Ordre assurer la préparation de l'opération Stoemmelinks. Où l'on apprend tout sur les espaces verts et le réseau souterrain de Bruxelles.

Il avait plu toute la nuit. Au milieu de la place des Palais s'était formée une large mare, que quelques rares voitures tentaient en vain de vider en y roulant à toute vitesse. Cette vaste dépression, exactement parallèle au palais royal, était le seul souvenir de la présence, quelques années plus tôt, d'un tram qui flottait chaque soir, suspendu à sa caténaire pour traverser la somptueuse place. Le 93 – tel était son nom – avait été depuis remplacé par un bus et, si on avait grossièrement tenté de camoufler ce meurtre en simple détournement en baptisant du même nom un tram suivant un autre itinéraire, personne n'était dupe : le bus vengeait chaque jour le disparu en creusant inlassablement de tout son poids cette cicatrice dans laquelle la voiture de l'un ou l'autre tramicide finirait bien par déraper.

Face au palais des Académies, Josyane Middelmatig faisait le guet. Sans doute n'y avait-il pas de risque réel de voir la police patrouiller à cinq heures du matin, mais elle avait absolument tenu à être de l'expédition mise en place par le groupe Stoemmelinks pour dresser un relevé topographique précis du parc de Bruxelles. Profitant d'une grille mal fermée rue Ducale, Bovemans et Dillen s'y étaient introduits dès l'aurore et avaient entrepris en toute quiétude de recenser les planques utilisables. Ils durent hélas reconnaître que les possibilités d'y prendre le maquis étaient assez restreintes, d'autant que le quartier restait globalement bien surveillé par les forces de l'ordre.

La rigueur scientifique du projet supposait toutefois que l'on ne négligeât aucun espace vert de la capitale. Les moindres recoins du bois de la Cambre et des jardins de l'abbaye homonyme, tous les buissons des parcs Duden, Josaphat et de Woluwé ainsi que chaque sentier de la forêt de Soignes avaient déjà été inventoriés, mais le groupe cherchait également des lieux plus centraux permettant un repli rapide lors d'actions menées dans les endroits stratégiques. De ce point de vue hélas, il apparut assez vite que, hors le parc, le centre de Bruxelles était assez mal doté : il fallait donc explorer d'autres voies.

Foin des espaces verts, si l'on ose écrire. Le maquis peut également se prendre sous terre. Clijsters, employé aux transports publics, fournit un plan complet du métro : couloirs de services, bien entendu, mais aussi galeries de circulation inutilisées.

Parlement, gouvernement flamand, télévision publique, Union européenne, il n'était pratiquement pas de monument officiel, d'institution importante ou de lieu de pouvoir qui ne fût situé à proximité immédiate d'une bouche de métro. Les militants les plus organisés imaginaient déjà l'Ordre scindé en deux réseaux l'un *Stockel-Bizet* et l'autre *Hermann-Debroux-Heysel*, chacun étant divisé en sous-groupes portant le nom d'une station. En outre, dans un pays comme la Belgique, les aléas climatiques plaidaient en faveur d'une clandestinité à l'abri des éléments.

Certes, il y avait dans l'Ordre une majorité d'anciens scouts : comme dans tout mouvement politique aux actions quelque peu musclées, on y cultivait volontiers les valeurs de camaraderie virile, de discipline et d'amour de la vie au grand air. On peut toutefois apprécier le bois de la Cambre aussi longtemps qu'il s'agit d'y faire du canotage entre juin et septembre, ou éventuellement des séances d'entraînement en novembre, sans avoir pour autant envie d'y dormir à la belle étoile tout l'hiver. A l'herbe humide des sous-bois, les futurs maquisards avouaient préférer la sécheresse, fût-elle plus rigide, du béton métropolitain.

Des kilomètres de béton propre et sec ? Certes, mais aussi des risques non négligeables : systèmes de sécurité perfectionnés risquant à tout moment de se déclencher, difficulté pour le profane de discerner les galeries en circulation de celles qui ne le sont pas [1], présence de toute

---

[1] Initialement conçu dans les années 60 pour enterrer les trams afin de laisser plus d'espace aux embouteillages automobiles, le métro bruxellois a peu à peu accueilli de véritables rames troglodytes. Faute de moyens cependant, chaque ligne ne dispose que d'un train circulant dans chaque sens : les fréquences de passage étant exagérément basses, il a récemment été décidé de scinder les trains en deux. Les fréquences s'en sont trouvées améliorées, mais les quais sont devenus deux fois trop longs, ce qui a eu pour conséquence de multiplier le nombre de chutes accidentelles sur les voies et, partant, d'augmenter les causes de retard. (N.d.T.)

51

une population interlope susceptible d'attirer l'attention des forces de l'ordre. Il eût été dangereux que le réseau souterrain devienne le seul lieu de repli des membres de l'Ordre. « On ne met pas tous ses œufs dans le même panier », fit sentencieusement observer, fort à propos, Josyane Middelmatig.

Un tiers des maquisards dans les espaces verts, un tiers dans le métro, restait encore à trouver un troisième lieu où organiser la clandestinité. Habitué à s'y perdre et à y croiser des détenus en cavale cherchant désespérément la sortie, Van Rompaey proposa les caves du palais de Justice. Idée séduisante par le caractère central du lieu, mais trop dangereuse compte tenu de l'importante concentration de gendarmes, membres de la police judiciaire et indicateurs en tous genres. Fonctionnaire à l'administration régionale, Vanderauwera suggéra de squatter les nombreuses chambres d'hôtel inoccupées depuis leur construction – Bruxelles s'était dotée d'une infrastructure hôtelière propre à accueillir les jeux olympiques avant même d'avoir songé à organiser ceux-ci –, mais là aussi, la présence de diverses formes de surveillance, humaine ou électronique, amena l'Ordre à juger la solution trop périlleuse. L'un suggéra les catacombes de Bruxelles : accueillie avec enthousiasme, la proposition fut immédiatement retenue, jusqu'à ce qu'on s'aperçoive que tout le monde avait entendu parler de la présence de tels souterrains mais que nul ne savait comment y accéder.

On s'accorda finalement sur une occupation discrète des boules vides de l'Atomium : depuis que la fascination de l'audiovisuel et le développement de l'informatique avaient rendu obsolètes les formes anciennes de transmission du savoir scientifique, le célèbre monument de l'Expo 58 ne servait plus que comme symbole (de loin), comme lieu de ralliement pour enfants égarés (de près) et comme restaurant (dedans).

Les aspects logistiques ainsi réglés, il restait à affecter les militants de l'Ordre aux divers lieux ainsi définis. Ce fut l'objet d'une réunion extraordinaire convoquée le lundi suivant au local habituel. Dissipation des vapeurs de l'ivresse ? Approche de l'automne avec son cortège de froid, d'humidité et de journées trop courtes ? Simple réflexion approfondie ? L'enthousiasme suscité quelques jours plus tôt par le projet de clandestinité sembla bien retombé.

Seuls quelques purs et durs restaient prêts à prendre le maquis dès le lendemain : Jongen, bien sûr, mais aussi Josyane Middelmatig, Dillen, Bovemans et Verroken qui n'avaient pas cédé un pouce de leur détermination initiale. Van Rompaey proposa mollement de se joindre à eux, mais tout le monde s'accorda sur le fait que sa qualité de président commandait qu'il restât sur le devant de la scène. L'abstention des autres ne fut pas toujours aussi convaincante, mais nul n'osa mettre en doute les problèmes de santé attestés par des certificats en bonne et due forme, les difficultés scolaires d'un enfant requérant une présence régulière ou, surtout, l'impossibilité de faire vivre une famille si le chef était contraint à abandonner toute activité professionnelle pour entrer dans la clandestinité. D'aucuns se dirent sincèrement prêts à franchir le pas si l'Ordre pouvait garantir l'entretien des leurs, sans doute conscients en leur for intérieur que les finances du mouvement ne le permettraient jamais.

Les cinq volontaires, il est vrai, ne connaissaient pas ces problèmes d'intendance. Tous, sauf Jongen, étaient célibataires et n'avaient donc pas charge d'âme. Lui, assurait-il, parviendrait à faire subsister les siens. L'inutilité intrinsèque de ses fonctions et l'omnipotence de ses appuis politiques lui permettraient, moyennant un certificat médical sur mesure régulièrement renouvelé, de se faire porter pâle pour une longue durée ; en cas de problème, les quelques activités professionnelles de son épouse devraient pouvoir garantir les besoins essentiels du ménage.

Il fut finalement décidé de scinder en deux étapes l'opération « Stoemelinks ». Les volontaires entreraient immédiatement dans la clandestinité et, de là, entreprendraient la perception d'un impôt révolutionnaire qui alimenterait les caisses de l'Ordre et permettrait ainsi, quelques mois plus tard, d'assurer la subsistance des foyers délaissés par une deuxième vague de combattants qui viendraient les rejoindre.

VIII

Où le héros et ses compagnons mettent au point un système de financement d'essence para-fiscale. Où le lecteur pourrait se dire, in petto, que la flamandisation complète de Bruxelles n'est pas pour demain.

La formule de l'impôt révolutionnaire avait déjà fait ses preuves auprès de nombre de mouvements amis, en Corse, au Pays Basque ou en Sicile. Le principe était simple, et il suffisait d'en adapter les modalités : Jongen et Van Rompaey eurent tôt fait de concevoir un scénario répondant à la fois aux principes de progressivité de l'impôt et de non-violence qui guidaient leurs consciences de gauche. Un essai ferait office de répétition générale.

— Bonjour Monsieur, est-il possible de parler au patron ?

— C'est moi, fit l'homme.

Dillen et Verroken échangèrent un regard dubitatif. L'éphèbe qui se tenait face à eux ne devait pas avoir plus de vingt-cinq ans, et il était surprenant qu'il fût le propriétaire de cette boutique luxueuse décorée de marbre rose. Le costume de tweed ocre et la chemise bleue de soie lavée qu'il portait semblaient être plus richement conçus encore que les quelques rares vêtements qui ornaient l'étalage – le véritable magasin de luxe se reconnaît à ce que les prix y sont inversement proportionnels au taux de remplissage de la vitrine –, sa coiffure devait manifestement être sculptée deux fois par jour par un artisan de renom et le bronzage qui, mieux que tout, faisait ressortir l'abyssale vacuité de ses yeux azur ne pouvait avoir été acquis qu'au prix de week-ends répétés sur quelque île des mers du sud. Le contraste était assez saisissant avec la sobriété vestimentaire, façon témoins de Jéhovah, de Dillen et Verroken et, s'il n'avait été aussi insondablement con, le bellâtre eût pu deviner que les deux hommes qui se présentaient à lui n'étaient pas des clients ordinaires.

— Avez-vous quelques instants à nous consacrer ? Nous souhaitons vous proposer un système de protection très efficace contre des agressions d'un nouveau genre qui ont tendance à se multiplier ces derniers temps.

Adonis n'hésita pas longtemps. Bien que ne lisant pas les journaux – sauf pour y vérifier la parution des annonces publicitaires qu'il y faisait insérer deux fois l'an lors des soldes –, il avait appris, au gré de discussions avec des représentants qui connaissaient des gens qui connaissaient d'autres commerçants qui, tous, avaient été récemment victimes de l'une ou l'autre tentative de vol ou d'agression aux détails particulièrement sauvages ou sordides, que nous vivons une époque dangereuse et que deux protections valent mieux qu'une. L'insécurité se dit plus efficacement encore qu'elle ne se fait sentir. Bien que déjà bardé de deux systèmes d'alarme, d'un volet métallique et, en cas de besoin, d'une carabine 22 long (prêtée par un beau-frère qui avait opté pour le 7,65) dont il ignorait le maniement, Apollon se dit qu'il n'était sans doute pas inutile de se renseigner sur les nouveaux dangers qu'il courait et sur les moyens de s'en prémunir. Il n'y avait de toute façon pas grand monde en ce mardi matin, et la sculpturale vendeuse qu'il payait à vil prix pourrait fort bien faire l'affaire pour attirer le chaland à l'étalage. Il précéda Dillen et Verroken vers un petit salon en mezzanine, et les pria de s'asseoir sur des chaises tout aussi inconfortables que modernes et chères.

— Parlez-vous le flamand, Monsieur ?

Le beau gosse aurait paru moins stupéfait si Dillen lui avait demandé de réciter les temps primitifs de *crescere* ou d'extraire la racine carrée de n'importe quel nombre à douze chiffres. Une telle question lui paraissait non seulement saugrenue, mais portait en outre sur un sujet de préoccupation qui semblait à des années lumières de ses soucis ordinaires. Non, évidemment non, il ne parlait pas le flamand. Il en avait bien eu quelques notions quand, sur les bancs de l'école primaire, il attendait patiemment d'atteindre la fin de l'obligation scolaire, mais il n'avait jamais entendu quoi que ce soit à cette langue, ni d'ailleurs à aucune autre. Depuis qu'il était dans les affaires, il avait bien été forcé d'acquérir quelques rudiments d'anglais pour converser par fax avec divers fournisseurs, mais ces quelques mots de la langue de Shakespeare qui lui tenaient lieu de bagage polyglotte s'étaient empressés de chasser les rares souvenirs qu'il aurait pu conserver de ses cours de flamand. Et d'ailleurs, que faire du flamand dans cette luxueuse galerie du haut de la ville que ne fréquentaient que des francophones ?

— Bien sûr, bien sûr, nous vous comprenons très bien, reprit Dillen. Vous avez raison, cette langue est totalement inutile.

La bouche ouverte sur des dents d'une blancheur virginale, l'autre continuait à hocher la tête stupidement.

— Mais vous savez comme moi que, malheureusement, les Flamands de Bruxelles deviennent de plus en plus revendicatifs, et agressifs vis-à-vis des commerçants qui ne s'expriment qu'en français.

— Dans le bas de la ville ou les communes du nord de Bruxelles, peut-être, mais soyez assurés qu'ici, personne ne s'est jamais adressé à moi en flamand.

— Hélas, les choses changent, cher Monsieur, interrompit Verroken. Même ici, même au sud de la ville, même à Auderghem ou Woluwé-Saint-Pierre, des Flamands se mobilisent pour la défense et la promotion de leur idiome. Je veux dire, de leur langue, précisa-t-il en se rendant compte qu'il était malencontreusement sorti de l'ensemble cardinal formé par les quelque trois mille mots de vocabulaire possédés couramment par son interlocuteur.

— Peut-être, mais je m'en fous. Je ne fais pas de politique, ponctua de façon radicale l'ange blond, que la conversation commençait visiblement à lasser, d'autant qu'une créature de sexe indéterminé venait d'entrer dans la boutique et entreprenait d'essayer un ensemble de caoutchouc violet moulant.

— Soyez assuré que notre intention n'est pas non plus de faire de la politique. Nous sommes seulement, comme vous, de petits commerçants francophones qui cherchent à s'organiser pour faire face aux agressions croissantes de ces Flamands intolérants. Nous avons créé un syndicat d'indépendants qui, moyennant une cotisation correspondant à un pourcent du chiffre d'affaires, rémunère quelques vigiles discrets qui assurent la protection de nos magasins.

— Protection contre quoi ?, s'énerva le dieu grec, d'autant plus agacé que l'essai avait entre-temps permis de lever l'indétermination dont question ci-dessus dans un sens susceptible d'éveiller son plus vif intérêt. J'ai tous les systèmes d'alarme qu'il me faut, je suis armé, vos Flamands ne vont quand même pas jeter une bombe dans ma vitrine !

— Une bombe, non, mais... Normalement, ce travail de protection devrait être assuré par la police, j'en conviens. Mais vous savez comme moi que toutes les institutions publiques de la capitale sont profondément noyautées par les Flamands, qui y bénéficient d'une sur-représentation évidente. Lorsque de telles actions commando auront lieu, vous pouvez être sûr que la police arrivera toujours trop tard. Vous aurez beau déposer plainte, les enquêtes n'aboutiront à rien.

— Ca suffit, cela ne m'intéresse pas, coupa sèchement le top-model, ayant constaté avec un mélange de répulsion et de jalousie que le client – car tel était bien le genre de la créature caoutchouphile – avait entrepris de lutiner discrètement sa vendeuse.

Enfin, relativement discrètement.

Dillen et Verroken s'en furent donc sans que l'on prêtât attention à eux, aussi ternes en partant qu'ils l'avaient été en arrivant. A peine avaient-ils franchi le seuil du magasin qu'ils étaient déjà oubliés, et le maître-nageur de Malibu eût bien été en peine de les décrire si on le lui avait demandé. Personne ne le lui demanda d'ailleurs.

Il ne lui vint dès lors pas à l'idée d'établir le moindre rapprochement avec cette visite quand, le lendemain, deux individus autrement harnachés se présentèrent dans son magasin. Vêtus d'un treillis camouflage et portant cagoule en laine, ils étaient, il est vrai, méconnaissables. Se préparant à expulser ces rappeurs, plus que probablement maghrébins, qui venaient assurément préparer un mauvais coup, le jouvenceau fut bien surpris de s'entendre adresser la parole en flamand.

— *Ik wou een beha voor mijn zusje* [1], fit le premier.

— On parle français ici. Puis-je vous aider ?

— *Ik wou een beha voor mijn zusje,* répéta l'étrange rappeur.

— Désolé mais nous n'avons pas cela en magasin, reprit l'autre au hasard. *Douillou spic inglich* ?

— *Lees maar dat* [2], fit alors le second en lui fourrant sous le nez d'une main menaçante un morceau de papier sur lequel étaient écrits, en caractères gothiques, les mots « *Schild en Vriend* » [3].

Un moment interdit, le bronzé tenta sans conviction de hurler « Sortez de mon magasin », mais une gifle retentissante l'envoya prestement enlacer un mannequin de cire

---

1 Intraduisible, en flamand dans le texte. (N.d.T.)

2 « Lis ceci. » (N.d.T.)

3 Littéralement, « Bouclier et ami ». La légende veut que, lors de la bataille des Éperons d'Or, les combattants flamands se reconnaissaient entre eux par leur aptitude à prononcer ces deux mots : ceux qui, au contraire, n'y parvenaient pas, étaient égorgés sans hésitation. (N.d.T.)

paré de sous-vêtements avantageux. Pleurnichant et bégayant, il s'essaya à prononcer les mots célèbres. En vain.

Il ne fallut pas plus de deux minutes aux deux hommes pour épandre dans la vitrine, sur les piles de vêtements et dans les cabines de déshabillage quatre jerrycans de lisier. Un lisier bien noir et huileux, puant à souhait, qui eut tôt fait de modifier fondamentalement la décoration du magasin, de le rendre inaccessible à toute personne non munie des équipements adéquats et d'épargner au commerçant unilingue les habituels frais de publicité nécessaires à l'annonce des soldes. Il n'y eut plus rien à solder.

Les deux complices étaient déjà loin quand la police arriva sur les lieux. Hormis quelques clients malodorants et nombre de vêtements souillés, la brigade de l'inspecteur Delmotte ne trouva d'autres indices que des tracts ainsi rédigés :

« ON EN A MARRE AVEC TOUT SES FRANSQUILLONS QUI NE PARLENT MEME PAS SUR LE FLAMAND. WALLONS GO HOME. BRUSSEL VLAAMS FOREVER. »

— Faites porter un échantillon de lisier au labo pour l'analyser, fit Delmotte pour se donner une contenance.

Ayant retrouvé leurs vêtements civils, Dillen et Verroken n'eurent aucune difficulté, le surlendemain, à convaincre les propriétaires des autres échoppes de la galerie d'adhérer au syndicat des petits commerçants francophones pour se protéger d'aussi odieuses agressions.

IX

Où le héros se voit douloureusement rappeler que son existence est régie par d'autres dominations plus rigoureuses encore que celle, d'ordre linguistique, qui l'occupe d'ordinaire.

Il avait fallu quelques jours de plus à Jongen qu'à ses camarades résistants pour préparer l'entrée dans la clandestinité. Son absence au ministère serait d'autant plus aisée et moins remarquée que les quelques rares dossiers en souffrance seraient traités avant son départ. C'était l'affaire de quelques jours, expliqua-t-il aux autres, convaincu qu'un jour suffirait à expédier lesdites affaires courantes mais qu'une semaine ne serait pas de trop pour avertir, puis, convaincre Isabelle de ses projets maquisards.

Isabelle n'avait jamais vraiment soutenu les activités politiques de son mari, sans pour autant les désavouer vraiment. Quand elle exerçait encore ses activités professionnelles, elle avait toujours pris soin de ne se faire connaître que sous son nom de jeune fille, de telle manière que nul ne puisse deviner les liens qui l'unissaient à cet activiste dont la photo paraissait de temps à autres dans les journaux. Seuls ses amis et amies les plus proches en étaient informés, et ceux-là connaissaient suffisamment Eric pour apprécier l'homme qui se cachait derrière le militant. Apprécier ou, plutôt, s'accommoder, tant il est vrai qu'à côté de son épouse, femme brillante et généreuse, Jongen faisait pale figure.

Même pour le cercle restreint de familiers qui le connaissait un peu mieux, il semblait n'avoir d'autres préoccupations culturelles que celles touchant à la langue : sa perception du destin du monde paraissait se résoudre à l'affrontement manichéen des deux communautés belges, et toute conversation avec lui s'avérait impossible si elle devait s'écarter de cette thématique obsessionnelle. On lui reconnaissait assurément une certaine forme d'intelligence dans le champ limité de ses préoccupations, mais quelques aspects de sa personnalité – et particulièrement l'intolérance qu'il avait mise dans les principales décisions touchant à l'éducation de leurs enfants – suscitaient doute, voire méfiance, chez ceux de leurs proches qui admiraient Isabelle : chacun se demandait intimement pourquoi elle avait un jour décidé de l'épouser, mais renonçait, par sens des convenances, à lui poser explicitement cette question.

Pourtant, Isabelle s'était résolue – par abnégation plus que par conviction – aux frasques militantes de son mari, à ses coups d'éclat et aux interminables réunions de l'Ordre. C'était elle qui, plus d'une fois, était allée le rechercher dans tel ou tel commissariat, en pleine nuit, à l'issue d'une *arrestation administrative* consécutive à telle ou telle action ; c'était même elle qui, lors des rares moments de découragement, l'avait dissuadé d'abandonner le combat qu'il avait entrepris. De son éducation auprès des religieuses, elle avait gardé la conviction que chacun doit poursuivre jusqu'au bout la voie qu'il s'est tracée, fût-elle erratique. C'est dire qu'elle ne l'avait jamais contrarié dans son action politique : de là à en conclure qu'elle le verrait sans sourciller entrer dans la clandestinité, il y avait un pas.

Le pas fut plus large encore qu'il ne l'avait prévu.

Passée la première réaction de surprise – « Prendre le maquis ? Mais tu es devenu fou ! Et pourquoi pas vivre tous ensemble dans les catacombes en attendant d'être jetés dans la fosse au lion flamand, tant que tu y es ? » (Il se garda bien de préciser que cette hypothèse troglodyte avait effectivement été envisagée) –, Isabelle fut, tout au long de la discussion, d'un calme olympien. Il aurait aimé qu'elle crie, s'énerve, soit irrationnelle. Il aurait souhaité qu'elle place le débat uniquement sur le plan des aspects pratiques de cette existence transformée, pour lui, pour elle ou pour les enfants, qu'elle parle de moyens de subsistance, des difficultés scolaires de Charles, du rôle essentiel du père ou de tous ces arguments qu'il avait prévus et pour lesquels il croyait avoir préparé les réponses adéquates. Il n'en fut rien.

— Très bien, tu vas prendre le maquis. Et ensuite ?

— Ensuite ?

— Oui, que feras-tu, une fois installé dans ta clandestinité ?

— La même chose que ce que je fais maintenant : des actions, des revendications, des manifestations, des mobilisations, des conscientisations...

— Et après ?

— Après quoi ?

— Après avoir agi, revendiqué, manifesté, mobilisé et conscientisé ?

— Eh bien, après, après, nous aurons fait barrage à la flamandisation de Bruxelles.

— Et alors, tu sortiras de la clandestinité ?

— Non, je ne sortirai que quand tout danger sera écarté.

— Et quand considéreras-tu que tout danger est écarté ?

Excellente question. Si le *dies a quo* de cette entrée dans le maquis était aisément déterminable, le *dies ad quem* l'était nettement moins. Car de deux choses l'une...

Si l'action du réseau de maquisards s'avérait impuissante à combattre l'avancée flamande – et, vu les chiffres respectifs des effectifs en présence, ne pouvait-on le craindre ? –, l'occupation de l'ensemble du territoire de la Région de Bruxelles deviendrait une réalité, et la vie dans la clandestinité une nécessité. Il faudrait s'y installer durablement, établir des réseaux de connexion avec la zone non occupée, tout en sachant que Bruxelles est, de longue date, déjà ceinturée par un secteur entièrement contrôlé par l'envahisseur.

Si, en revanche, le combat ainsi mené s'avérait utile, si une large frange de la population prenait conscience du danger de flamandisation, si un vaste mouvement de résistance s'organisait, qui pourrait soutenir que le danger serait un jour totalement écarté ? Il conviendrait d'entretenir la flamme, de poursuivre les efforts, d'éviter que le peuple ne s'endorme. Il ne suffisait pas de terrasser l'hydre, il faudrait encore couper chaque nouvelle tête apparue. En un mot, empêcher que ne renaisse la bête.

— La bête immonde, peut-être ? l'interrompit-elle. Tu ne crois pas que tu pousses le bouchon un peu loin ? Es-tu vraiment devenu à ce point prisonnier de ta logorrhée imbécile pour assimiler quelques quarterons d'excités flamands au fascisme et au nazisme ?

Il ne pouvait lui donner tout à fait tort. Il était sans doute excessif d'identifier son entrée dans le maquis à la Résistance, et de comparer le danger – assurément réel – de flamandisation de Bruxelles et de la Belgique à l'occupation nazie. Si l'on avait pu dire, lors des réunions de l'Ordre, que les Flamands avaient déjà des plans pour transformer les principaux parcs d'attraction du pays en camps de concentration pour francophones, nul n'avait jamais été en mesure d'en apporter le moindre commencement de preuve. Et ce n'était sans doute pas par hasard que cette hypothèse ne resurgissait que tard dans la nuit, quand les débats étaient guidés par l'ivresse des foies autant que par celle des mots.

Il était tard. La discussion en resta là, chacun se retirant sous sa tente en sachant que la bataille n'était pas encore perdue mais qu'il convenait d'affûter les armes pour prendre, à la joute suivante, l'avantage définitif. Jongen aurait fort à faire.

X

Où le héros, la mort dans l'âme, doit choisir entre Troie et Carthage. Où, prenant conscience de la vanité de son combat au-delà de toute attente, il conçoit de changer son fusil d'épaule.

Troublé dans ses convictions les plus profondes bien plus qu'il n'osait le montrer, Jongen eut du mal à trouver le sommeil. Bien qu'élémentaires, les interrogations de son épouse étaient venues ébranler sa foi plus sensiblement encore que si elles avaient été formulées de façon agressive. En réalité, c'était justement parce qu'elles avaient été émises sans la moindre once de cette violence à laquelle il était habitué à répondre que les questions – pouvait-on parler d'objections ? – d'Isabelle l'avaient troublé. Le débat politique ordinaire a ceci de confortable que ses protagonistes se connaissent suffisamment pour adopter, fût-ce tacitement, le même ton : respect apparent ou grossièreté, force tranquille ou noms d'oiseaux, chacun s'adapte naturellement à son adversaire. Qu'importe le message, pourvu qu'il soit porté sur un terrain commun : *Je ne vous ai pas interrompu...*

Jongen était plutôt connu comme un bon débatteur. Pas de ces bêtes médiatiques qui semblent nées avec un micro en main et trois caméras autour de la table d'accouchement, certes, mais à tout le moins un de ces honnêtes hommes politiques qui maîtrise l'art de faire poser les questions qu'il attend, d'amener ses adversaires sur les terrains qu'il connaît ou, à défaut, d'esquiver les sujets délicats tout en donnant l'impression d'avoir répondu à l'objection qui lui est opposée. Ce talent pour les joutes oratoires lui avait déjà valu d'être convié à participer à l'un de ces rendez-vous politiques dominicaux que les chaînes de télévision aiment à diffuser après la messe, sûres de drainer à tout le moins le public des chefs de famille, trop heureux de trouver dans cette heure de spectacle civique le prétexte légitime à cantonner au seul découpage du rôti leur contribution aux tâches ancillaires.

Certes, il ne pouvait prétendre, à la différence de certains des caciques du parti, être un habitué de ces émissions, un de ceux que l'on invite sans s'inquiéter de savoir s'ils ont quelque chose à dire, au seul motif qu'ils n'y sont plus venus depuis longtemps – trois mois semblant un délai indépassable – ou qu'ils ont demandé, avec juste ce qu'il faut d'insistance, à y être conviés. Pour connaître un tant soit peu le mode de fonctionnement de ces programmes, Jongen ne pouvait d'ailleurs entendre sans sourire le journaliste commis d'office terminer par la formule « Nous vous remercions d'avoir accepté de participer à notre émission. », alors qu'il est de notoriété constante qu'il y a encore moins d'hommes politiques susceptibles de décliner pareille invitation que de journalistes capables de refuser d'y convier ceux qu'on leur dit d'inviter. N'étant lui-même jamais appelé à ces rendez-vous que pour y défendre les thèses de l'Ordre – formation minoritaire et marginale s'il en est –, il pouvait compter sur les doigts de la main ses passages officiels sur le petit écran : la faible représentativité du mouvement ne lui valait, selon les modes de calcul ordinairement en vigueur, qu'un passage tous les trois ans environ, fréquence à laquelle il convient d'ajouter les quelques émissions organisées quand une chaîne de télévision, constatant l'évolution descendante de sa courbe d'audience, tentait de relancer la guerre communautaire en invitant quelques extrémistes de tout poil. Encore était-ce, alors, en compagnie d'autres groupuscules tels que l'Union des Rattachistes [1], l'Action pour le Grand Luxembourg [2] ou, à l'opposé, le Groupe Kluisberg [3] ou le Mouvement Royalo-Unitariste [4].

Jamais, pourtant, à l'occasion de ces débats, Jongen n'avait eu à répondre à des questions aussi élémentaires et aussi sereines que celles de son épouse. Jamais, non plus,

---

1 Mouvement de Belges francophones, essentiellement issus de la région wallonne, et particulièrement de la ville de Liège et de ses environs, militant pour un rattachement de la Wallonie à la France. Quelques centaines de membres tout au plus, répartis en diverses factions : socialistes (particulièrement entre 1981 et 1986 et entre 1988 et 1993), gaullistes, amateurs de micro-informatique (désireux de disposer du minitel), indépendantistes (pour lesquels le rattachement à la République n'est qu'une étape transitoire destinée à unir les forces wallonnes aux mouvements bretons et basques pour revendiquer ensuite une large autonomie), ou simplement descendants de Français installés là à l'époque napoléonienne. (N.d.T.)

2 Mouvement similaire au précédent, à ceci près qu'il prône le rattachement des Ardennes au Grand-Duché de Luxembourg. Essentiellement composé de petits porteurs. (N.d.T.)

3 Regroupant essentiellement des chefs d'entreprise et des notables de la nomenklatura belge, ce groupe s'est donné pour but

il ne s'était trouvé face à un adversaire qui le connaissait aussi intimement qu'Isabelle et qui, dès lors, était en mesure de déjouer ses astuces rhétoriques ordinaires.

Quel sens avait encore son combat ? La flamandisation de Bruxelles et du reste de la Belgique n'était-elle pas, au fond, une réalité inéluctable que ni lui ni aucun autre ne parviendrait à empêcher, ni même à retarder ? Ne valait-il dès lors pas mieux anticiper le mouvement et retourner sa veste sans plus attendre ?

---

de combattre les dérives fédéralistes et séparatistes en vertu du principe selon lequel, pour diminuer l'intervention étatique dans la vie économique et sociale, il vaut mieux un seul État que deux ou trois. Le Groupe Kluisberg doit son nom au Mont de l'Enclus, un célèbre sommet (123 mètres) belge à cheval sur la frontière linguistique, que les coureurs cyclistes wallons et flamands ont coutume d'escalader dans une même fraternité molletière. (N.d.T.)

4 A la suite de la mort de Baudouin Ier (1930-1993), divers mouvements unitaristes et royalistes francophones fusionnèrent pour unir leurs forces conformément à la devise nationale et tentèrent, à l'instar de ces familles divisées qui retrouvent leur unité le temps des funérailles de leur patriarche, de recréer chez l'ensemble de leurs concitoyens un sentiment commun d'appartenance nationale. Leur principale réalisation fut la distribution d'un autocollant à apposer sur la fenêtre arrière des véhicules et portant, dans les trois langues nationales, « Belges et unis nous resterons en mémoire de S.M. Le Roi Baudouin » ; bien qu'inférieur à celui de « Avez-vous embrassé votre enfant ce matin ? » et « Vivement ce soir, RTL », ce slogan atteint un fort honnête score de popularité. (N.d.T.)

ANTITHÈSE

I

Où le héros, se rappelant fort opportunément ses racines profondes et considérant rationnellement son futur, accepte de se laisser transfigurer par l'Esprit-Saint.

Devenir flamand.

La nuit fut longue, et Jongen ne parvint pas à trouver le sommeil. Sur le dos, sur le ventre, sur le côté gauche, sur le côté droit, rien n'y fit. Les questions qui l'agitaient étaient plus fortes que son envie de dormir. Avait-il, d'ailleurs, envie de dormir ? Il sentait que les moments qu'il vivait allaient compter pour lui, qu'ils transcendaient aisément les contingences de la fatigue physique.

Jongen n'avait jamais été véritablement un idéologue, mais il est plus facile de vivre avec des certitudes qu'avec des doutes : c'est cela, plus sans doute qu'une foi absolue, qui avait dicté jusqu'ici la constance de son combat pour la cause francophone. Pourtant, même abstrait de préoccupations humaines autres que celle de son devenir local, il n'avait pu complètement échapper à ce grand mouvement de remise en cause des dogmes et croyances qui avait marqué les années quatre-vingt jusqu'à culminer dans ce symbole universellement reconnu que fut l'écroulement du Mur de Berlin. Si tant d'anciens communistes avaient réussi avec une telle aisance à se reconvertir en chantres de l'économie de marché, n'était-ce pas parce qu'ils avaient eu le courage de prendre conscience de la vanité de leur combat et de choisir, en temps opportun, de retourner dans le droit chemin ?

Jongen devait à la vérité de se l'avouer : la seule fois où, dans son existence, il avait fait le choix du réalisme, il n'avait pas eu à le regretter. Ce n'était en effet nullement par conviction ou par attachement aux idéaux marxistes, mais bien par nécessité, qu'il avait adhéré au Parti socialiste : sa vie, pourtant, en avait été transformée. Bien qu'il n'eût jamais été vraiment de gauche, nul n'avait songé à le taxer de collaboration, ni même d'opportunisme, lorsqu'il avait fait ce choix. Tous au contraire, parmi ses proches et ses collègues de travail, l'avaient félicité, quand bien même ils étaient eux-mêmes d'une couleur politique différente : l'essentiel pour réussir, lui répéta-t-on souvent, n'est finalement pas d'être de la bonne tendance, mais de se situer clairement dans un camp. La société belge tolère mal ceux qui n'acceptent aucun adoubement.

Il lui serait en outre moins difficile de devenir flamand que de devenir socialiste. N'était-il pas, après tout, d'origine flamande ? Ne le lui avait-on pas suffisamment répété et reproché ? Lui rappelant à chaque instant ses racines, son patronyme se prêterait aisément à un changement d'appartenance communautaire. Il lui suffirait, une fois de plus, d'en modifier la prononciation, optant définitivement pour sa consonance germanique.

Certes, d'aucuns parmi ses camarades de l'Ordre pourraient le traiter de collaborateur. Mais, outre qu'il était assez fat pour ne pas se soucier du regard que les autres pouvaient porter sur lui, quel droit aurait-on de le juger ainsi ? Seule l'histoire est en mesure de séparer le bon grain de l'ivraie : si les Nazis n'avaient pas échoué, pensait-il, on n'aurait jamais parlé de collaborateurs, mais de personnes ayant un sens aigu et louable de l'anticipation des grands mouvements de masse. Les résistants, quant à eux, seraient à jamais restés des terroristes. Comment prétendre aujourd'hui, avant que la flamandisation de Bruxelles ne soit effective, que ceux qui prendraient le maquis passeraient à la postérité comme résistants et que ceux qui, tout au contraire, contribueraient dès à présent à œuvrer à cette conquête inéluctable seraient considérés comme collaborateurs ?

D'ailleurs, la collaboration n'est-elle pas blâmable que par l'opportunisme un peu aisé qu'elle traduit ? Collaborer sous l'occupation est à la portée de n'importe qui, et il n'y a aucune gloire à en tirer : ce n'est rien d'autre que l'art de faire de nécessité vertu. Par contre, collaborer avant même l'invasion témoigne d'une profonde intelligence des réalités, d'un sens politique aigu, et ne peut à ce titre qu'être ultérieurement loué et récompensé. Autant les ralliés de la première espèce sont méprisables, autant ceux de la seconde méritent considération : ils pourront, plus tard, prétendre au titre enviable de collaborateurs de la première heure.

Demain, quand on ne parlerait plus que la langue flamande de Evere à Woluwé-Saint-Pierre [1] et de Ostende à

---

1 Communes du nord et du sud de la région bruxelloise. (N.d.T.)

Arlon [2], ils seraient des millions à se dire flamands, mais bien peu pourraient prouver l'avoir intrinsèquement été *in tempore non suspecto*. Lui, par contre, pourrait prouver qu'il n'avait pas attendu le dernier jour pour abjurer sa foi wallonne et suivre la voie de la vérité révélée. Même majoritaire et dominant, l'occupant flamand devrait tenir compte de certains équilibres sub-régionaux et intégrer aux sphères dirigeantes des wallons convertis. Convertis, mais fiables. Comment n'en serait-il pas ?

---

2 Communes du nord et du sud de la Belgique. (N.d.T.)

Les arguments, et les positions adoptés du côté flamand sont tout aussi ridicules, et outrés, poussés à l'extrême

II

Où le héros conçoit l'aisance avec laquelle il mettra en pratique ses résolutions nouvelles. Où il prend même conscience d'avantages qu'il n'avait osé imaginer.

La conversion est immédiate et totale

Sa décision fut prise le 12 avril. C'était la veille de Pâques, période propice aux résurrections en tous genres, et notamment à la sienne. Après quarante-trois années d'existence terrestre en tant que wallon, Eric Jongen allait renaître à la vie éternelle, revivre dans le Walhalla de ses ancêtres, renouer avec sa nature profonde, retrouver le chemin dont seuls les hasards de l'histoire et les aléas de la naissance l'avaient fait dévier : dorénavant, il serait flamand.

Il ne lui fallut pas un grand travail de persuasion pour se convaincre de la pertinence de cette résolution. Mieux encore, la puissance éclatante de la nouvelle existence qui s'ouvrait devant lui eut tôt fait de dissiper les rares doutes et scrupules qui avaient pu, l'espace d'un instant, l'agiter au cours de cette longue nuit de méditation. Collaborateur ? Nullement ! Il ne faisait que quitter le chemin d'errance qui avait été le sien jusque-là pour retourner sur la voie de la vérité. Et quand bien même il se fût agi de collaboration, n'était-il pas noble et impérieux de collabo-

77

rer à une entreprise aussi noble que la restauration du caractère purement flamand de cette belle et vieille cité flamande qu'est Bruxelles ?

A dater de ce jour, il serait flamand, parlerait flamand, lirait flamand, mangerait et boirait flamand, aimerait flamand, travaillerait flamand. Bien plus, tous les siens seraient désormais Flamands.

Pour lui, ce ne serait pas difficile. Sa maîtrise de la langue était, on l'a dit, plus que satisfaisante, et il n'aurait aucune difficulté à passer désormais pour un Flamand de pure race. Tout au plus devrait-il modifier quelque peu la graphie de son prénom : dorénavant, il ne serait plus Eric, mais Erik. La désinence en « c » eût en effet été la trahison évidente d'une francophonie inavouable [1], tandis que l'usage du « k » fleurait déjà bon le blond viking – imagine-t-on un « vicing » ? – conquérant, le hareng saur, bref, en un mot comme en cent, l'écume de la mer du Nord, véritable *mare nostrum* de la nation flamande. C'est au soin apporté à ce genre de détail que l'on reconnaît les véritables convertis.

Les enfants seraient également flamandisés. Ici encore, il n'y aurait pour eux nul obstacle linguistique, leur père ayant suffisamment insisté pour qu'ils possèdent parfaitement « la langue de l'occupant ». Charles prendrait quel-

---

1 Alors que le néerlandais tel qu'il est parlé aux Pays-Bas tolère assez aisément l'usage du « c » dans les mots, le flamand courant en Belgique s'en accommode fort mal et le bannit à tout prix. (N.d.T.)

ques libertés avec l'état-civil pour devenir Karel – le « k », toujours –, mais, de Charlemagne/Karel De Groote à Charles de Lorraine/Karel van Lotharingen, les précédents prestigieux ne manquaient pas. Serge, lui, ne rencontrerait même pas ce problème, le prénom étant également ré- pandu des deux côtés de la frontière linguistique dans une graphie uniforme. Tout au plus conviendrait-il d'en mo- difier légèrement la prononciation, le « g » fermé de la seconde syllabe étant appelé à se transformer dorénavant en un « ch » aussi ouvert que possible. (N'était-ce pas là, se dit Jongen, une nouvelle preuve de la plus grande ouverture sur le monde de la langue flamande par rapport à la langue française ?) Ce serait chose aisée pour les en- fants eux-mêmes, d'autant qu'on les changerait d'école pour qu'ils puissent désormais s'instruire dans leur propre langue.

Car il n'était évidemment plus question de laisser les garçons dans cette institution de la Communauté fran- çaise qu'ils fréquentaient jusque-là à Bruxelles. D'abord, en tant que Flamand, Erik ne pouvait cautionner de quel- que manière que ce fût une institution – scolaire ou autre – qui perpétue l'occupation francophone dans la capitale de la Flandre. Ensuite, il était impératif que les enfants soient désormais au contact non seulement de la langue, mais aussi de la profondeur du peuple flamand : où, mieux que dans le collège local des pères scheutistes situé à quelques centaines de mètres seulement de leur maison, pourraient-il mieux vivre cette réalité de fils d'agriculteurs et de fonctionnaires flamands ? Enfin et surtout, après tant d'années de retard et d'obscurantisme francophone sinon fransquillon [2], il fallait que Karel et Serge [3] puissent enfin être instruits de l'histoire et de la géographie flamandes [4].

---

2 Fransquillon, du flamand *Fransquilloen* : adjectif à connotation nettement péjorative qui désigne les traîtres francophones vivant en Flandre et continuant à y pratiquer cette langue. Par extension, l'ensemble des militants francophones opposés à la cause flamande. (N.d.T.)

3 Le lecteur est prié de prononcer « Serchhh ». (N.d.T.)

4 Le système politique en vigueur en Belgique a organisé, entre autres byzantines répartitions de compétence, la communautarisation de l'enseignement, en vertu de laquelle chaque communauté linguistique (française, flamande et germanophone) est seule responsable de son enseignement. Cette responsabilité comprend notamment le droit de régir les programmes scolaires. Si l'enseignement des mathématiques, de la physique ou de la chimie garde d'évidentes similarités d'une école à l'autre, les matières aussi politiquement sensibles que la géographie et, surtout, l'histoire ont, évidemment, fait l'objet d'un soin particulier.

En géographie, les cartes étudiées dans les écoles flamandes présentent de la Belgique une perspective corrigée, sur laquelle le territoire wallon (en réalité plus étendu que le territoire flamand) est considérablement rétréci, à l'instar de ces anciens planisphères sur lesquels l'Afrique était représentée comme plus petite que l'Europe. Dans les écoles francophones, les cartes géographiques ne représentent plus que la Wallonie et la Région de Bruxelles, la Flandre figurant en blanc au même titre que les autres États limitrophes que sont la France, le Grand-Duché de Luxembourg, la République fédérale d'Allemagne et les Pays-Bas.

En histoire, la communautarisation de l'enseignement a non seulement permis à chaque communauté d'opter pour des événe-

Isabelle ne devrait, en principe, avoir aucune objection à ce changement d'école : tout au contraire, elle qui avait de longue date réclamé une vie plus simple, allégée de ces longues séances de voiturage – et ce alors même qu'Erik lui avait acheté un véhicule plus confortable, ce qui en disait long sur l'inconstance et l'ingratitude des femmes –, ne pourrait que se réjouir de voir les enfants aller désormais à pied à l'école et à la plupart de leurs loisirs. Dans la vaste opération de transsubstantiation qu'il avait initiée, il était en effet exclu pour Jongen que les activités extra-scolaires de ses rejetons ne se déroulassent pas également en flamand.

Pas de problème pour le scoutisme, au contraire : outre qu'elles avaient la réputation d'être plus catholiques, plus conservatrices et plus viriles – ce qui ne ferait aucun tort à Karel au moment où il entrait dans l'adolescence trop longtemps pétri de cette paresse proprement francophone –, les troupes scoutes flamandes avaient de longue date fait preuve de leur engagement idéologique.

Eclaireurs d'un plus large mouvement suivi par d'anciens scouts devenus adultes, mais plantant toujours aussi volontiers la tente dans les plus belles clairières et les plus

---

ments fondateurs propres dans l'apprentissage de l'histoire de la Belgique (Guerre des Gaules en Communauté française, Bataille des Éperons d'Or en Communauté flamande), mais aussi et surtout d'axer les cours sur des concepts nationaux différents : si les petits francophones apprennent toujours l'histoire de la nation belge, les petits Flamands se voient, eux, enseigner la seule geste de la nation flamande. (N.d.T.)

agréables fonds de vallée, les scouts flamands, le mollet gaillard et joliment dénudé, avaient mené dès les années soixante une vaste entreprise de mise en coupe des Ardennes wallonnes, afin d'en faciliter l'occupation et de permettre l'éradication des poches de résistance lorsque Bruxelles serait tombée et que la nation flamande pourrait enfin poursuivre vers le sud sa marche victorieuse.

Pas de difficultés non plus pour les activités musicales. Karel pourrait poursuivre le violon, Serge le piano, et l'un et l'autre apprendraient enfin le véritable solfège, basé non plus sur cette notation ridicule – do, ré, mi... – propre aux latins, mais sur ces lettres fondamentales – A, B, C... – par lesquelles tant de grands musiciens signèrent leurs œuvres. C'était d'ailleurs peu dire que la vie musicale flamande était plus florissante que son équivalente francophone, et les garçons n'auraient que profit à en tirer. Bien que les Wallons et plus encore les Français se les soient appropriés, les Herreweghe (*Ervèque*), Jacobs et autres Kuijken (*Couich-quenne*) étaient bien les plus nobles produits d'un génie musical proprement flamand.

Restait le sport. Ils n'auraient aucun mal à trouver à proximité de chez eux des clubs de tennis et d'athlétisme : le seul risque couru par Karel et Serge, sportifs pourtant aguerris et habitués aux places d'honneur, était de se trouver confrontés à un niveau globalement plus élevé – physiquement aussi, la nation flamande est supérieure à la nation wallonne – et donc à plus rude concurrence. Il n'y avait là rien de rédhibitoire, sinon peut-être pour leur ego, mais ce serait un moindre mal.

Seul le hockey poserait quelques difficultés : sport plutôt en vogue dans la bourgeoisie sinon l'aristocratie, il était essentiellement pratiqué par des francophones. Même les équipes flamandes parlaient le français, à telle enseigne que le ministre flamand des Sports avait depuis longtemps cessé de leur accorder des subventions. A dire vrai, Erik ne serait pas mécontent de voir ses enfants en finir avec ce sport qu'il jugeait snob et dont le choix n'avait été dicté que par les seules origines sociales de son épouse. Cette renonciation leur vaudrait à lui et à Isabelle – qui était d'ordinairement commise d'office à cette charge, et ne pourrait dès lors que s'en réjouir – d'en finir avec ces stupides trajets qui, dimanche après dimanche, les conduisaient aux quatre coins de la bourgeoisie francophone. En outre, il ne lui déplairait pas que ses fils choisissent un sport d'équipe plus populaire, et c'est évidemment au football – discipline dans laquelle la domination de la Flandre sur la Wallonie était encore patente – qu'il rêvait.

A propos de football, il faudrait qu'il réfléchisse au choix de l'équipe flamande qu'il accompagnerait désormais de ses vœux voire, le cas échéant, de ses vociférations : il n'était plus question pour lui de porter les couleurs du Standard de Liège et, tant qu'à changer de maillot, il se devait de réfléchir quelque peu à la direction du vent.

Plus populaire ? Au fond de soi-même, Jongen sentait – ou peut-être était-ce déjà un nouvel exercice de légitimation auquel il se livrait inconsciemment pour conforter sa décision – que son ralliement à la cause flamande n'était pas seulement linguistique ou politique, mais aussi social. Il avait assez souvent entendu les discours de ses ex-adversaires pour n'être pas sans savoir que le mouvement flamand et cette espèce de complexe d'infériorité qui sous-tend souvent son agressivité plongent leurs racines dans cette Belgique du XIXe siècle et du début du XXe, pour laquelle la langue française n'était qu'un vecteur parmi d'autres de domination du peuple par la classe dirigeante. Ce n'était pourtant pas pour se mettre en conformité avec son étiquette socialiste qu'il lui plaisait de choisir la langue des opprimés : son but était, une fois encore, plus individuel que collectif. Le retour au flamand serait l'occasion à bon compte d'une manifestation de fidélité tardive à ce père qu'il n'avait jamais vraiment su aimer : si son père s'était installé à Liège et s'était mis à y pratiquer le français, c'est parce que l'honnête et humble flamand qu'il était n'avait pu, dans son Limbourg d'origine délaissé par un siècle de domination francophone sur la Belgique, trouver les possibilités d'accéder à l'élévation sociale à laquelle il pouvait prétendre.

Telle serait désormais la nouvelle version officielle d'une biographie qu'il espérait encore rendre publique. Il allait en effet de soi qu'il continuerait à mener le combat pour ses idées, quand bien même elles seraient désormais l'antithèse de ce qu'elles avaient été précédemment.

III

*Où le héros entreprend d'avertir ses proches du chan-
gement qui l'affecte. Et qui, pour dire les choses franchement, risque peut-être de les concerner également.*

— Dorénavant, nous parlerons flamand à la maison. [1]
Comme de coutume, Jongen et son épouse n'avaient
échangé aucun mot avant de se retrouver, face à face, assis
à la table du petit déjeuner. Non qu'ils fussent fâchés après
la discussion de la veille, ni même qu'il fallût y voir quelque trace aiguë de l'inappétence de leurs rapports matri-
moniaux, mais simplement parce que la tradition était
depuis longtemps établie qu'Isabelle se levât une demi-
heure plus tôt pour faire sa toilette et s'habiller, lui-même
profitant ensuite du temps qu'elle consacrait au réveil des
enfants et à la préparation du petit déjeuner pour procéder
à son petit lever et à ses ablutions. Leur première rencontre
de la journée avait, traditionnellement, lieu dans la cui-
sine devant un bol de café fumant dans lequel il aimait à

---

1 A dater de cette page et jusqu'à la fin de la deuxième partie
du livre, Erik Jongen s'exprime – sauf mention contraire – en
flamand dans le texte. Toutefois, pour la commodité de la présente traduction, l'ensemble de ses interventions figureront ici en
français. (N.d.T.)

tremper ses tartines au fromage de Maredsous. Produit wallon qu'il conviendrait d'ailleurs de remplacer par un équivalent dûment flamand.

— Dorénavant, nous parlerons flamand à la maison, répéta-t-il, en français cette fois, vexé que sa première admonestation soit restée sans réaction.

— Comme tu seras dans le maquis, cela ne changera pas grand chose pour toi de savoir ce qu'on parle à la maison, répondit Isabelle. En français.

— Je ne prends pas le maquis.

— ???

— Je reste à la maison !

— Tu m'en vois fort heureuse .

Elle ne s'attendait pas à ce que la nuit lui ait si bien porté conseil. Elle avait beau avoir manifesté sans ambages son scepticisme à l'égard d'un projet qu'elle trouvait franchement grotesque, Eric – elle ne savait pas encore qu'il était entre-temps devenu Erik – ne l'avait pas habituée à tenir compte de son opinion. Elle comprit assez rapidement que ce n'était d'ailleurs pas exactement de cela qu'il s'agissait.

Il lui dit tout. Ou, plutôt, il ne lui expliqua rien. Il lui fit part de sa décision, qu'il présenta comme mûrement réfléchie – pouvait-elle lui donner tort ? une nuit, n'est-ce pas assez lorsqu'il s'agit d'idéologie ? – et bien sûr comme irrévocable – le contraire l'eût étonnée –, mais ne lui en démontra que fort imparfaitement la pertinence. En eût-il, d'ailleurs, été capable ?

Habituée à ces crises d'insomnies au cours desquelles il refaisait son monde – voire, s'il était en veine d'altruisme, leur monde à tous les quatre –, Isabelle en avait vu d'autres :

86

elle savait que les suites concrètes de ses résolutions nocturnes étaient généralement inférieures au retentissement de leurs annonces. Elle ne s'émut pas outre mesure de cette nouvelle foucade d'un mari qui avait cessé depuis longtemps de l'étonner, préférant en mesurer les aspects positifs, essentiellement en termes logistiques. D'abord, elle se trouvait quitte de cette entrée dans la clandestinité qui eût indéniablement troublé leur confort matériel et perturbé les enfants ; ensuite et surtout, sa propre vie serait considérablement simplifiée par cette nouvelle possibilité de faire coïncider leur domicile avec les divers centres d'activités familiaux. Tout au plus insista-t-elle pour que les garçons puissent terminer leur année scolaire à Bruxelles avant d'intégrer l'établissement local : ils vivraient bien deux mois encore sans connaître la réalité historico-géographique profonde de leur nouvelle mère Flandre.

Charles/Karel et Serge/Serge étaient descendus sur ces entrefaites. Ils eurent, moins encore que leur mère, droit à des explications convaincantes. Fort de son *imperium* paternel, pourquoi Jongen se serait-il privé d'user à leur égard de l'argument d'autorité ? Les réticences de Charles à l'idée de changer de prénom furent balayées d'un trait. Il en serait ainsi et pas autrement.

Heureux d'avoir réglé aussi aisément le volet familial de sa transfiguration, il restait à Jongen la part la plus substantielle de l'entreprise : l'annoncer *urbi et orbi*. Les collègues du ministère, les désormais ex-camarades de l'Ordre, sans oublier les nouveaux alliés flamands qu'il conviendrait de séduire, tous devraient être informés rapidement et sans ambiguïté.

Il envisagea d'abord d'adresser un communiqué aux principaux journaux et agences de presse et prit sa plus belle plume. Oui, mais dans quelle langue ? La logique eût voulu qu'il le rédigeât en flamand. Le risque existait néanmoins que les journalistes francophones, faute de la comprendre, ne répercutent point l'information, tandis que les journalistes flamands – qui le connaissaient moins encore – avaient peu de chances d'accorder beaucoup d'intérêt à la conversion de l'obscur militant fransquillon qu'il avait été jusque là. Il aurait pu évidemment lancer un communiqué de presse bilingue, mais c'eût été reconnaître les limites intrinsèques de la cause qu'il épousait que d'assortir d'une traduction française cette langue qu'il voulait de rayonnement international. Il renonça donc au communiqué de presse.

Il se prit alors à rêver de ces présentations officielles de dissidents ralliés au camp adverse à l'époque bénie de la guerre froide. Il s'imagina, sous les lambris vernis de quelque légation flamande à Bruxelles, entouré d'un quarteron de plénipotentiaires et d'autant de gardes du corps habilement maquillés en laquais, apparaître l'œil encore un peu hagard sous les flashes et les caméras, *silencieux mais visiblement heureux* de cet asile politique. Le rêve fut hélas bref : on n'en était pas encore à échanger transfuges et espions sur des ponts la nuit. Bruxelles avait d'ailleurs enfoui de longue date son seul cours d'eau digne de ce nom, et on eût en vain cherché la Spree locale. Et quand bien même on l'eût trouvée, il n'avait de toute façon pas la notoriété requise pour prétendre à ce type de cérémonie.

Il dut se rendre à l'évidence : il devrait limiter ses effets d'annonce à son seul entourage, et ne pourrait compter que sur ses seules capacités d'élocution et de persuasion pour convaincre de la sincérité de son ralliement. Qu'à cela ne tienne : les grands hommes, aimait-il à dire avec ce sens aigu de l'observation des mœurs humaines qui le caractérisait, ont aussi commencé petits. Faute de pouvoir se lancer dans de grandes explications *urbi et orbi*, il résolut de procéder au coup par coup. Chaque contact individuel serait pour lui l'occasion d'affirmer sa nouvelle identité : il suffirait de ne plus parler que le néerlandais pour faire comprendre sans ambiguïté quelle était désormais sa patrie.

Il lui fut facile, voire même agréable, de manifester sa foi en corrigeant tous ceux qui avaient coutume de prononcer son patronyme comme lui-même leur avait appris à le chanter. Bonjour, *Jonc-guenne* ! Nee, *yonne gueune, mijnheer de direkteur.* A ceci près que ses collègues francophones pensèrent qu'il plaisantait, quoiqu'il ne les eût pas habitués à tant de facétie, et que les plus paranoïaques de ses collègues flamands – soit l'immense majorité – crurent plus d'une fois qu'il se moquait d'eux. Il dut dès lors se ménager avec les plus influents des entretiens particuliers afin de les persuader de sa bonne foi, mais on ne peut dire que ces multiples tentatives de séduction lui valurent de nouvelles sympathies. Au contraire, les rares francophones qui lui témoignaient jusque-là quelque attachement finirent, lassés du caractère répétitif de ses répliques flamandes, par se détourner de lui.

Il fallait donc trouver démonstration plus convaincante.

IV

Où le héros, soucieux de donner plus de crédibilité à ses nouveaux engagements, entreprend de modifier certains comportements et signes extérieurs. Encore faudrait-il qu'il sache lesquels.

Le fait s'avérait évident. Flamand il se savait, Flamand on ne le sentait pas. Il ne lui suffisait pas d'être, il fallait aussi paraître : la sincérité de l'âme ne convainc qu'avec le temps, tandis que la force des apparences peut emporter l'adhésion immédiate. Mais quels étaient les signes extérieurs de la flamanditude ?

La réponse à cette question se révéla plus ardue que prévu. Hors la langue, il n'était point de signe de reconnaissance évident du Flamand par rapport au Wallon. Jongen se rendit un beau matin à la Bibliothèque royale. Là, à la section ethnologie, il trouverait sans nul doute la solution.

Etonnamment, les ethnologues belges semblaient n'avoir consacré que peu de développements à cette question essentielle : autant on avait pu, à la fin du XIXᵉ siècle et au début du XXᵉ, rédiger de longues thèses et d'édifiants articles sur les mérites comparés du Belge métropolitain avec le Belge des colonies et sur la supériorité du premier (généralement de race blanche) sur le second (le plus souvent de race noire), autant l'indigence était grande dès lors qu'il s'agissait de trouver le résultat de recherches comparables sur un axe Nord-Sud quelque peu raccourci. Ce devait assurément, se dit Jongen, être le résultat d'une trop longue domination du monde francophone sur l'université. De par leur attachement atavique à l'antique structure de l'Etat unitaire, les Wallons avaient été peu enclins à financer des recherches dont le résultat eût pu être néfaste pour le mythe de l'unité belge qu'ils chérissaient tant ; sans doute avaient-ils craint aussi que de tels travaux puissent arriver à démontrer la supériorité de la race flamande sur celle des francophones.

Heureusement, dans les années les plus récentes – et principalement après que les compétences en matière d'enseignement universitaire et de recherche scientifique eurent été dévolues à chacune des communautés –, quelques universitaires flamands avaient osé lever ces vieux tabous. Réfléchissant principalement dans le cadre de la problématique des transferts indus du nord vers le sud [1], ils avaient été amenés à s'interroger sur quelques-uns des problèmes les plus cruciaux parmi ceux qui préoccupaient l'opinion flamande : est-ce parce qu'ils sont génétiquement plus paresseux, que les Wallons sont plus souvent en grève ou au chômage que les Flamands, grevant ainsi plus lourdement l'assurance chômage ? Les Wallons ont-ils une constitution moins robuste que celle des Flamands avant

---

1 A la différence des transferts légitimes qui circulent du sud au nord, les transferts indus empruntent le chemin inverse. (N.d.T.)

soixante-cinq ans (le coût moyen d'un Wallon à l'assurance maladie-invalidité est plus élevé que celui d'un Flamand) et plus solide après cet âge (le coût moyen d'un Wallon à l'assurance retraite est également plus élevé que celui d'un Flamand), ou est-ce justement parce qu'ils travaillent moins avant l'âge de la retraite que les Wallons vivent plus vieux ? est-ce parce que leurs spermatozoïdes sont également plus paresseux et, partant, moins rapides, ou seulement parce qu'ils sont moins catholiques et, partant, plus enclins à l'usage de moyens contraceptifs, que les Wallons font moins d'enfants que les Flamands, aggravant ainsi le renversement de la pyramide d'âge et le déséquilibre entre actifs et non actifs ? Jongen consacra de longues heures à la lecture de ces travaux, notant soigneusement dans une colonne ce qu'il pourrait utiliser à court terme pour l'affirmation extérieure de son identité flamande, et dans une autre ce qu'il serait susceptible d'exploiter ultérieurement dans le cadre de ses combats politiques.

Morphologiquement, les deux espèces semblaient relativement similaires. D'aucuns n'excluaient pas que les peuplades flamandes eussent pu, au départ, avoir des origines plus slaves que les peuplades wallonnes, mais tous reconnaissaient que le large brassage qui avait été toléré pendant de longues années entre les deux communautés avait abouti à un abâtardissement des caractéristiques génétiques spécifiques. A l'exception de la taille moyenne, légèrement plus élevée chez les Flamands que chez les Wallons et d'un pourcentage de blonds un peu supérieur en Flandre – mais il n'y avait là rien d'autre que la traduc-

ce qui constitue un
ale faux, un empêchement
radical/absolu.

tion, à l'échelle belge, d'une tendance globale vérifiée du sud au nord de l'Europe –, rien ne permettait de distinguer extérieurement un Flamand d'un Wallon. Avec son mètre quatre-vingt cinq et ses cheveux châtains, Jongen ne présentait à tout le moins aucun défaut rédhibitoire.

Sociologiquement, il y avait assurément des différences apparentes, mais elles s'expliquaient de façon assez aisée. Le Flamand était en moyenne plus riche que le Wallon, mais tout le monde s'accordait pour y voir la conséquence normale d'un tissu industriel plus récent et plus performant au nord qu'au sud du pays. De même, la densité de population plus élevée en Flandre qu'en Wallonie ne pouvait être interprétée comme une tendance plus marquée à la vie en société chez les gens du Nord : elle était seulement le fruit de la concentration sur un territoire plus exigu d'un nombre plus grand d'habitants. Vivant sans difficulté, dans une villa à quatre façades sise en milieu semi-urbain, Jongen ne se singularisait, en tout cas pas de ce point de vue, de ses nouveaux compatriotes.

Idéologiquement, le Flamand avait la réputation d'être plus conservateur que le Wallon : domination des partis se revendiquant de la droite, tradition catholique profondément ancrée – en ce compris un papisme plus uniformément répandu qu'en Wallonie où il restait l'apanage des classes aisées – et même emprise plus forte de l'extrême-droite. Ici, Jongen pouvait sans doute trouver matière à modifier ses habitudes : il irait désormais à la messe chaque dimanche et voterait pour des forces clairement conservatrices, plus conservatrices encore que le parti socialiste auquel il avait apporté ses suffrages depuis qu'il y avait adhéré.

Le caractère ostentatoire de tels changements resterait toutefois limité. Seuls les habitants de son village fréquentant la paroisse à laquelle il réserverait désormais ses dévotions dominicales seraient avertis de cette conversion, alors qu'il eût été plus utile d'en convaincre ses collègues et relations de travail ; quant à ses votes, le secret de l'isoloir ne lui permettrait pas d'y donner la publicité requise, d'autant qu'il faudrait de toute façon attendre les prochaines élections pour user de ce moyen. A dire vrai, les seuls changements idéologiques visibles qui s'offraient à lui touchaient à son appartenance politique d'une part, et à ses lectures d'autre part : il se promit d'y penser.

La piste scientifique s'avéra donc peu riche d'enseignements concrets : l'ethnologie comparée des peuples flamands et wallons se révélait embryonnaire, n'ayant pas encore atteint un niveau de précision suffisante pour être de quelque utilité à Jongen. C'était moins dans les livres que dans l'observation empirique qu'il trouverait les spécificités requises. Il décida donc de scruter ses nouveaux compatriotes pour tenter de déceler ce qui, au premier regard, les différenciait de ses anciens.

Où observer des Flamands ? Où les voir vivre ? Il en restait bien quelques-uns dans la petite bourgade où il s'était installé, mais nombreux étaient les Francophones venus comme lui acquérir là quelques arpents de pseudo-campagne, en manière telle que le milieu était loin d'être *ethniquement pur*. Idéalement, il eût fallu que Jongen puisse s'installer quelques semaines dans la véritable Flandre *comment se rendre plus visible ?*

profonde, qu'il puisse se fondre dans le décor, se faire oublier, puis s'intégrer peu à peu, avant de commencer à comprendre, mais un tel processus eût requis un temps dont il ne disposait pas. Faute de mieux, il conçut alors le projet de passer une semaine, matin et soir, dans les trains de navetteurs.

Là, parmi les joueurs de cartes et les liseurs de journaux, au milieu de ces camaraderies spécifiques, dans l'intimité de ces amours illégitimes et secrètes qui ne trouveront jamais d'autre épanouissement qu'un *bris de caténaire* passé dans une chambre *avec serviette et savon*, il découvrirait, à défaut de ses tréfonds, les signes extérieurs de l'âme flamande. Du moins l'espérait-il.

Car il dut bien se rendre à l'évidence : la coupe des costumes ou les chaussures à petits talons aiguilles, les cigarettes de vrais hommes et celles pour les dames, l'emballage des tartines de pain blanc hâtivement avalées le matin ou les thermos de café brûlant, les sujets de conversation, la marque des voitures dans lesquelles on s'engouffre le soir en descendant du train, les mentons qui s'affalent sur la poitrine dès que le train redémarre ou la main qui s'efforce tant bien que mal de cacher aux regards voisins le doigt consciencieusement employé à curer une narine, et puis l'autre, rien ne différencie extérieurement un navetteur flamand de son équivalent wallon. Il crut bien déceler, pour ne pas s'avouer un bilan tout à fait vain, une propension plus grande des enfants flamands à combiner cheveux en brosse et petite tresse dans le cou, ou une tendance de leurs géniteurs de sexe masculin à porter des cravates de largeur inférieure à celle de leurs homologues francophones mais, même à imposer à Karel et Serge de nouvelles coiffures et à renouveler entièrement son stock de cravates, il n'y avait rien là de bien déterminant pour asseoir son identité.

Le constat fut confirmé quand il emprunta la ligne Bruxelles-Liège, qui dessert tour à tour villes flamandes et cités wallonnes. S'étant préalablement pourvu de bouchons dans les oreilles pour ne pas être influencé par la langue des intéressés, il s'employa un soir à tenter de deviner ceux qui descendraient en Flandre et ceux qui s'arrêteraient en Wallonie : l'entreprise s'avéra complètement vaine, son taux de réussite ne dépassant pas les cinquante pour cent inhérents au hasard gouvernant toute expérience binaire de ce type.

Ces voyages répétés furent par contre l'occasion de quelques rencontres intéressantes et notamment celle de Rodolphus Lenoble, un haut fonctionnaire gantois qu'il avait connu avant la régionalisation du ministère de l'Agriculture : Lenoble était maintenant à la tête de la direction générale Labourage et Pâturage du ministère flamand de l'Agriculture mais, bien que travaillant tous les jours à Bruxelles, n'en avait pas moins continué à résider dans sa ville natale, empruntant rituellement le train – en première classe, il est vrai – à 7 heures 22 et 17 heures 18. Après avoir confronté quelques rares souvenirs communs et échangé quelques banalités sur les devenir comparés de l'agriculture dans leurs régions respectives – il y avait assez peu à dire sur l'évolution du fourrage à Bruxelles –, ils en vinrent rapidement à des considérations plus politiques et plus personnelles. Lenoble n'afficha ni contentement, ni surprise quand Jongen lui fit part de son ralliement à la cause flamande : le fait sembla lui paraître de l'ordre du normal. Il s'étonna par contre de la foi de converti avec laquelle l'autre l'entreprit de sa volonté de contribuer désormais à la reconquête de Bruxelles par la Flandre :

— Pourquoi tenez-vous tant à cette ville ?

— C'est la capitale de la Flandre ! Nous – Jongen prenait un intense plaisir à utiliser ce nous qui, mieux que tout, lui permettait à peu de frais de se fondre dans sa nouvelle nation – ne pouvons tolérer qu'elle reste ainsi aux mains des seuls francophones !

— Ne soyez pas naïf : vous savez que c'est par volonté politique, plus que par réalité sociale ou historique, que nos élus ont choisi Bruxelles comme capitale. La logique eût été de faire de Gand, ou à la rigueur d'Anvers, la capitale de la Flandre.

Jongen connaissait trop bien cette argumentation pour l'avoir lui-même défendue quand il militait dans les rangs de l'Ordre. Il savait donc aussi ce que ses ex-adversaires de la Grande Loge avaient coutume d'y répondre, et put répliquer comme un enfant récite sa leçon :

— Pas du tout ! Historiquement et sociologiquement, Bruxelles a toujours été une ville flamande : seules les structures outrageusement francophones de la Belgique unitaire ont permis, au XIXe siècle, sa francisation. C'est parce qu'elles y trouvaient le seul moyen d'élévation sociale à leur portée que les familles d'ouvriers flamands installées à Bruxelles se sont peu à peu mises à parler le français. La première carte géographique venue le démontre mieux que tout : la présence d'une ville majoritairement francophone en plein cœur de la région flamande est un accident de l'histoire qu'il faut réparer sans délai.

— Pourquoi le réparer ? Bruxelles est une ville laide, que ses habitants n'ont cessé de détruire et dont le patrimoine continue à se décrépir un peu plus chaque jour. Bruxelles est dangereuse, Bruxelles est sale, Bruxelles est remplie d'étrangers, est-ce bien de cela dont nous avons besoin pour affirmer au monde le génie créateur de notre nation flamande ?

Jongen savait le mélange d'attraction et de répulsion que nourrissent nombre de Flamands à l'égard de Bruxelles. Il ne pouvait pourtant laisser passer sans réagir un discours aussi défaitiste, d'autant que plusieurs autres voyageurs suivaient maintenant leur conversation et risquaient d'être gagnés par le doute de son contradicteur.

— Si Bruxelles s'est laissé détruire ainsi, c'est parce que ceux qui y vivent n'ont plus aucune identité. Un patrimoine n'existe que par rapport à un Etat : pourquoi les Bruxellois se raccrocheraient-ils à une histoire qui ne s'incarne plus dans aucune réalité ? Comment croire dans un passé quand on ne croit pas au présent ? Soyez-en sûr : si Bruxelles était clairement flamande, ses monuments ne partiraient plus en poussière. Regardez ce que la Flandre a déjà réalisé à la place des Martyrs [2] : là où la nation flamande s'affirme, Bruxelles revit.

———————————

2 Proche du centre de la ville, cette petite place bordée de bâtiments XVIIIe de style néoclassique achevée en 1776 prit sa dénomination actuelle suite à la révolution de 1830. A la fin des années 80, elle était tombée dans un état de décrépitude et de

— Vous pouvez tenir tous les discours volontaristes que vous voulez : nous, Flamands de Flandre, n'aimerons jamais Bruxelles. La raison nous conduit à soutenir l'*anschluss* [3], mais notre cœur s'en défie.

— Bruxelles est à prendre, reprit Jongen sentant qu'il retrouvait le dessus. Les Wallons ne tarderont pas à l'abandonner comme ils ont déjà laissé tomber les francophones de la périphérie [4]. Et les Bruxellois, quelle que soit la lan-

---

délabrement avancé quand le gouvernement flamand, qui avait nourri ce projet de longue date, obtint enfin les autorisations nécessaires pour remplacer les squatters qui en avaient pris possession par sa dizaine de ministres et les membres de leurs cabinets. Elle est aujourd'hui en passe de devenir un des plus beaux ensembles architecturaux de la capitale, la Flandre et la Régie (fédérale) des bâtiments ayant déboursé près d'un milliard et demi de francs belges pour réaliser ainsi quelque 18.000 m² de bureaux et quelques appartements de fonction pour les ministres. (N.d.T.)

3 Avec un sens de la mesure et de la référence historique que chacun appréciera, le président de la *Volksunie* – parti flamingant mais démocratique – employa cette expression en août 1992 à propos de la nécessaire annexion de Bruxelles par la Flandre. (N.d.T.)

4 Périphérie : ensemble des communes flamandes, souvent à majorité francophone, entourant Bruxelles, parmi lesquelles figure notamment Weezembeek-Oppem, où est installé Jongen. Lors des dernières révisions constitutionnelles, les francophones de Wallonie ont accepté le principe de l'élection directe des parlements de chaque communauté sur une base territoriale régionale, privant ainsi les francophones de la périphérie – établis en région flamande – d'élire des représentants au Conseil de la communauté française, ce que d'aucuns interprétèrent comme un lâchage et une trahison. (N.d.T.)

99

gue qu'ils parlent, comprendront qu'il est plus intéressant pour eux de s'intégrer dans une Flandre riche que de s'allier à une Wallonie déficitaire ou de vivre une indépendance illusoire. Vous verrez : lors de la prochaine révision constitutionnelle, nous obtiendrons la parité absolue dans toutes les assemblées bruxelloises [5] et, dans dix ans, Bruxelles sera entièrement flamande !

Le train avait pénétré dans les tunnels menant à la gare centrale, et tous se levèrent. En descendant, Jongen reçut un appui imprévisible mais bienvenu : sur le quai, des militants de la Grande Loge Bruocsella distribuaient à tous les voyageurs des tracts leur enjoignant de ne plus s'exprimer qu'en flamand à Bruxelles.

Parmi eux, Jongen eût tôt fait de repérer Lutgarde Delorme : comme une simple militante de base, la présidente de la Grande Loge distribuait son lot de tracts, non sans ajouter régulièrement un bref commentaire à ceux – rares, il est vrai – qui prenaient le temps de s'arrêter pour lire ce qu'on leur glissait ainsi entre les mains.

---

5 De la même façon que les francophones, bien que légèrement minoritaires (quarante pour cent), ont obtenu au gouvernement fédéral la parité du nombre de ministres francophones et néerlandophones – à l'exception du poste de premier ministre dévolu traditionnellement, sinon constitutionnellement, à la Flandre –, les Flamands, très largement minoritaires dans la capitale (quinze pour cent), réclament des règles de parité similaires dans les organes régionaux et municipaux de Bruxelles. (N.d.T.)

V

*Où le héros donne à ses lectures un tour plus con-
forme à ses actes. Où l'auteur, au risque de se priver
stupidement de quelques articles louangeurs sur le
présent ouvrage, se laisse aller à des considérations
subjectives, pour ne pas dire franchement critiques,
sur plusieurs journaux belges.*

Jusque là, Jongen avait été un lecteur régulier du *Soir*, un
des quotidiens francophones les plus lus : il y trouvait à
la fois le reflet de ses convictions francophonissimes et
une certaine tendance légitimiste proche du pouvoir en
place et, partant, de sa famille socialiste. Son nouveau
statut de flamand lui imposait toutefois de changer de
lectures, ou en tout cas de lecture officielle : il n'était plus
question d'arriver au ministère avec *le Soir* sous le bras. Il
pouvait envisager d'en poursuivre la lecture à la maison,
tant il tenait, comme il l'avait fait par le passé, à s'informer
des thèses de ses – nouveaux – adversaires. Tout au plus
prendrait-il le soin de n'acheter ce journal que quand il se
trouverait à Bruxelles : il ne voulait, en effet, pas qu'un
abonnement ou même un achat régulier dans sa commune puissent être interprétés par les services commer-
ciaux du *Soir* comme une preuve, fût-elle infime, de la

présence francophone en région flamande. Ce n'est pas lui qui contribuerait à l'extension de la tache d'huile[1].

Il se devait donc d'acheter, de lire et surtout d'exhiber un quotidien flamand, d'autant que ses recherches infructueuses sur l'expression de la spécificité flamande avaient prouvé qu'il s'agissait là d'un des seuls signes possibles d'affirmation visible de ses nouvelles convictions. Il aurait, assurément, l'embarras du choix : à la différence des journaux francophones dont plusieurs se complaisaient encore dans un consternant unitarisme *belgicain*[2], tous les équivalents flamands étaient *politiquement corrects*, en ce que tous se montraient flamands avant tout. Ils accordaient plus d'importance aux péripéties du gouvernement flamand qu'aux dissensions du gouvernement fédéral, ils s'abstenaient de publier les programmes des chaînes de télévision francophones non autorisées en Flandre et, surtout, quand un sportif flamand ou une équipe de football flamande remportait une compétition internationale, ils se faisaient un devoir de parler de succès flamand et non de victoire belge.

Le premier réflexe de Jongen eût été de choisir le *Morgen* : se prétendant socialiste – même s'il était déjà évident qu'il

---

1 Tache d'huile (en flamand, *olievlek*) : expression flamande désignant l'extension sans cesse croissante de l'influence francophone autour de Bruxelles. Depuis plusieurs années, le gouvernement flamand cherche en vain le buvard capable de l'absorber. (N.d.T.)

2 Intraduisible. Adjectif péjoratif désignant les nostalgiques de la Belgique dite de papa, unie et centralisée. (N.d.T.)

cesserait de payer sa cotisation au parti socialiste franco-phone –, il pouvait naturellement se tourner vers ce quotidien qui avait la réputation d'être à la fois de gauche dans le fond et moderne dans la forme. Ce modernisme, toutefois, sorte de déclinaison imparfaite de *Libération*, irritait quelque peu sa fibre conservatrice. Plus encore, il avait remarqué chez certains journalistes de ce quotidien des relents d'internationalisme prolétarien qui pouvaient les conduire à préférer, *horresco referens*, un ouvrier wallon à un patron flamand. Le grand soir ayant ses limites, il ne lirait donc pas le *Matin*.

Il considéra ensuite le *Belang van Limburg* : s'il ne l'avait jamais lu, ce journal semblait en effet devoir lui convenir à un double titre. D'abord, la famille de son père avait ses racines dans le Limbourg et, bien qu'il ne se fût jamais intéressé à cette région, l'idée de ces retrouvailles filiales n'étaient pas pour lui déplaire, surtout dans la mesure où il pourrait les exploiter en invoquant aussi souvent que possible ses origines de flamand profond. Ensuite, il avait passé suffisamment de matins à écouter les revues de presse radiophoniques de la RTBF pour ne pas ignorer que l'*Importance du Limbourg* comptait parmi les titres les plus radicaux de la presse flamande quand il s'agissait d'apporter un soutien sans faille aux revendications autonomistes les plus extrêmes.

Il essaya donc, quelques jours durant, d'arriver en arborant le *Belang van Limburg* sous le bras, mais l'expérience fut peu concluante. Certes, il ne fut pas déçu par la vigueur militante des éditoriaux, quoiqu'il se fût aperçu assez vite que les phrases les plus incendiaires étaient celles auxquelles les journalistes de la radio donnaient le retentissement le plus large, à telle enseigne que la lecture du reste du texte, loin de lui procurer un surcroît de jouissance, édulcorait au contraire une pensée qui gagnait en force percutante à être synthétisée en deux ou trois extraits sortis de leur contexte. Néanmoins, sa méconnaissance totale de la région limbourgeoise l'empêcha de goûter la saveur des informations locales qui faisaient la trame essentielle du reste du journal, et il dut bien s'avouer qu'il n'avait pas encore acquis suffisamment de connaissance de la Flandre profonde pour prendre plaisir à confronter les imprécations du libero de Heppelt (troisième division provinciale C) avec les philippiques de l'ailier droit de Veldwezelt (troisième division provinciale B). En outre – et ce constat fut déterminant –, il comprit assez vite que le quotidien sur lequel il avait jeté son dévolu était considéré, par les plus éclairés de ses collègues flamands, comme trop populaire pour véhiculer valablement la pensée des élites appelées à bâtir la Flandre de demain. Il se rappela alors de ce journal que Lenoble avait soigneusement replié lors de leur rencontre ferroviaire quelques jours plus tôt, ce journal qui publiait les plus incendiaires des points de vue de Lutgarde Delorme et des autres leaders du mouvement flamand, ce journal que les dirigeants politiques francophones citaient plus souvent encore que le *Belang van Limburg* quand ils voulaient éteindre quelque accusation de corruption en rallumant quelque vieux conflit communautaire : le *Standaard*.

Ils ne lisaient pas tous, mais tous étaient frappés. Conservateurs ou progressistes, laïcs ou chrétiens, Gantois ou

Anversois, tous les Flamands se référaient d'une façon ou d'une autre au célèbre titre catholique flamand[3] : bien que d'un tirage plus limité que nombre d'autres quotidiens, le *Standaard* réussissait à être considéré comme un quotidien sérieux – un *quality* au sens britannique du terme –, d'ailleurs lu par l'*establishment* flamand tant social qu'économique, et à s'avérer, aussi bien par ses prises de position éditoriales que par les colonnes qu'il ouvrait complaisamment aux extérieurs, comme un des plus en pointe du mouvement flamand. Intellectuel et extrémiste : Jongen ne pouvait rêver de meilleure affirmation externe de sa nouvelle identité.

---

3 Le *Standaard* porte toujours en exergue de sa première page, composée en forme de croix, la devise AVV VVK (*Alles voor Vlaanderen, Vlaanderen voor Kristus*, Tout pour la Flandre, la Flandre pour le Christ). (N.d.T.)

Où le héros s'attache à parfaire les signes extérieurs de sa transsubstantiation. Où le soupçon d'une ébauche de regret l'effleure pour la première fois. Où l'on constate que les jeux de miroir sont parfois moins simples qu'il n'y paraît.

L'arrivée d'Eric Jongen sous l'aile protectrice du Parti socialiste avait été, on le sait, un élément clé de sa carrière professionnelle : fort de sa nouvelle identité, il ne pouvait conserver pareille appartenance. Il eût néanmoins été sot de se priver d'un passe-droit aussi aisé et aussi bon marché que celui que constitue, dans la société belge, une carte de parti : Erik Jongen résolut dès lors de passer avec armes et bagages dans le camp adverse et adressa une demande d'inscription en bonne et due forme à la section locale du *Socialistische Partij*, le parti socialiste flamand.

Pareil choix s'imposait à l'évidence. Il avait d'abord les vertus de la cohérence : Jongen resterait dans les descendants de l'Internationale, passant seulement d'une SFIO (Section Francophone de l'Internationale Ouvrière) à l'autre (Section Flamande de l'Internationale Ouvrière). Il avait aussi les avantages de la simplicité : pas besoin de changer d'assurance mutuelle, de banque, de syndicat ni d'hôpital, les deux branches du défunt Parti socialiste belge avaient gardé tout cela en commun lorsqu'elles s'étaient séparées à l'amiable à la fin des années 70[1]. Il devrait bien sûr apprendre les paroles flamandes de l'Internationale pour conclure les réunions de section, mais il lui suffirait dans un premier temps de chanter l'air : à tout le moins, il restait le même.

Certes, l'assise du parti socialiste flamand dans le paysage politique du nord n'était pas comparable à celle de son équivalent francophone au sud : quelque vingt pour cent de parts de marché au lieu de trente-cinq. Néanmoins, le SP avait retrouvé un nouveau souffle depuis que plusieurs de ses anciens dirigeants avaient été accusés de corruption : nombre d'électeurs qui, jusque-là, les considéraient comme d'aimables idéalistes manquant de sens des réalités terrestres avaient, à cette occasion, pris conscience de ce que le SP était une formation politique digne des autres, capable de gérer des budgets importants avec le réalisme requis, et dont le pacifisme apparent savait céder le pas, quand cela s'avérait nécessaire, à l'économie bien comprise des marchés d'armement. Alors que tous les

---

1 Une des caractéristiques de l'État fédéral belge est de ne posséder aucune famille politique organisée au niveau national : si les socialistes ont été les derniers à désunir les travailleurs de toutes les régions, tous les anciens partis se sont scindés avant que ne s'opère la réforme de l'État. Même les nouvelles formations politiques se sont organisées sur le même modèle communautaire, de telle façon que, à la différence des États fédéraux normalement constitués, il revient en Belgique aux mêmes dirigeants de négocier à la fois la constitution du gouvernement fédéral et les formations des gouvernements régionaux et communautaires. (N.d.T.)

observateurs avaient tablé sur un effondrement du parti aux élections suivant ces révélations, il y avait au contraire réalisé un de ses meilleurs scores.

Fort de ses antécédents dans les rangs du parti frère, et plus encore de sa bonne connaissance du flamand, Jongen n'eut aucune difficulté à obtenir son nouvel adoubement. Il s'essaya alors à la tournée des hauts fonctionnaires qui, au sein de son ministère, portaient la même couleur politique. L'exercice fut rapide : il n'y en avait qu'un, un certain Franz Delcominette, proche de la retraite et apparemment peu au fait des stratégies de pouvoir. C'était là une injustice, et même un scandale, qu'il s'imposait de réparer sans délai : le *Socialistische Partij* ne pouvait s'accommoder d'une telle sous-représentation dans un ministère bruxellois aussi important que celui de l'Agriculture.

L'occasion s'en présenta plus tôt que prévu. Nommé à la tête d'un important organisme de crédit public récemment privatisé où il se promettait d'ajouter une décimale à son salaire mensuel, le socialiste francophone qui occupait la direction générale des Palmipèdes amphibies s'apprêtait à abandonner son poste : or, c'était là une position très en vue. Non seulement on y gérait un budget qui, pour n'être pas aussi élevé que celui de la direction générale des Gallinacés ovipares, n'en représentait pas moins 1,7 fois le budget de la direction générale des Affaires fourragères, mais surtout, le poste avait la réputation d'être un tremplin idéal vers le secrétariat général : des quatorze secrétaires généraux qui s'étaient succédé à la tête du ministère depuis sa création quatre ans plus tôt, onze étaient passés par la DG – pour reprendre le jargon des fonctionnaires – des Palmipèdes amphibies.

Or, d'une enquête rapidement menée, Jongen apprit qu'aucun autre socialiste francophone du ministère ne remplissait les conditions d'âge, d'ancienneté et de capacité requises pour la fonction. L'occasion était donc rêvée d'octroyer le poste à un socialiste flamand : pourquoi pas lui ? Il en avertit le président de sa section locale, lequel ne put que l'approuver dans cet objectif, sans pour autant lui être de quelque secours : vu son peu d'ancienneté, sa seule couleur ne suffirait pas, et il serait tenu de démontrer également sa compétence. A cet effet, il devait obtenir l'appui de l'un ou l'autre haut fonctionnaire le connaissant bien qui, plus efficacement, pourrait le recommander directement à la direction du parti. Sa récente rencontre avec Lenoble pourrait, de ce point de vue, s'avérer précieuse : il l'appela pour obtenir un rendez-vous.

Comme un bon millier d'autres fonctionnaires flamands, Lenoble était installé au Marquis, un vaste immeuble de bureaux sis à côté de la cathédrale Saint-Michel[2]. S'il avait déjà remarqué les curieuses tubulures en alumi-

---

2 Ainsi dénommé par référence à la ruelle dans laquelle se trouve son entrée principale, cet immeuble de 36 000 m² de bureaux est loué par la Communauté flamande à une importante compagnie d'assurance pour un loyer annuel de 211 millions de francs belges. Construit à la fin des années 80 en un style pseudo-gothique, il est généralement détesté, moins pour ses caractéristiques architecturales intrinsèques que pour l'audace qu'il met à se mesurer à la célèbre cathédrale. Il est toutefois évident que cinquante pour cent au moins du prix du loyer n'ont pour l'administration flamande d'autre justification que la symbolique d'occupation d'un point central de la capitale. (N.d.T.)

nium qui en ornaient le faîte, Jongen n'était jamais rentré dans ce bâtiment. A la fois curieux et admiratif, il pénétra dans le grand hall de marbre où convergeaient un enchevêtrement d'escalators et une batterie d'ascenseurs. Là, derrière un vaste comptoir façon réception d'hôtel, trois hôtesses tenant lieu d'huissiers faisaient montrer patte blanche aux visiteurs. Ayant annoncé le but de sa visite, il reçut un badge magnétique en échange d'une pièce d'identité. Ce fut à cette occasion qu'il constata avec une horreur difficilement dissimulée que son permis de conduire était toujours établi en français : il se promit de faire rectifier au plus tôt cette anomalie. Ce genre de détails peut ruiner les efforts les plus louables.

Outre son directeur général, la direction générale Labourage et Pâturage ne comptait qu'un commis chef de bureau et trois secrétaires, logés avec les autres fonctionnaires du ministère de l'Agriculture au troisième étage du bâtiment. Parvenu à ce niveau, Jongen se mit en quête du 327. Il fut immédiatement frappé par les panneaux qui ornaient chaque entrée de bureau, accrochés perpendiculairement aux parois du couloir : on y trouvait bien sûr le numéro du bureau, mais aussi et surtout un vaste pictogramme de quinze centimètres sur quinze reproduisant la bannière flamande. L'effet était saisissant, cette éclatante et fière enfilade à perte de vue de lions noirs sur fond jaune rappelant les plus célèbres alignements de drapeaux de l'histoire récente. C'est à de tels signes que l'on reconnaît la force d'une nation, se dit-il *in petto*, rêvant du jour où semblables lions flamands pareraient les couloirs de son ministère bruxellois.

110

Jongen avait annoncé le but de sa visite en prenant rendez-vous avec son ancien collègue. Lenoble entra donc immédiatement dans le vif du sujet.

— Je ne peux pas faire grand-chose pour vous.

— Vous pouvez me recommander auprès de notre président. Vous savez que je suis sérieux, que je travaille consciencieusement, que mes signalements[3] ont toujours été excellents, et que mon appartenance à la famille socialiste ne date pas d'hier, même s'il est vrai que je me suis quelque peu égaré dans la mauvaise branche.

— Je ne doute pas de cela, mais là n'est pas la question.

— Que voulez-vous dire ? Vous savez comme moi que le poste a été occupé jusqu'ici par un socialiste francophone ?

— Assurément.

— Vous n'ignorez pas non plus qu'aucun candidat de cette formation ne remplit les conditions requises pour prendre sa succession ?

— J'en conviens.

— Vous serez d'accord avec moi pour dire que cette vacance est l'occasion rêvée de corriger, au sein de ce ministère, un évident déséquilibre au détriment des Flamands ?

----

3 Signalement : en Belgique, procédure de notation des fonctionnaires. S'échelonne de *insuffisant* à *excellent* en passant par *bon* et *très bon*. A moins d'avoir tué en moins de trois jours, père, mère, grands-parents, secrétaire et chef de service, un fonctionnaire mérite toujours au moins le signalement *bon*. (N.d.T.)

— C'est évident.

— Pourquoi alors ne pas me nommer ?

— Parce que notre parti a déjà marqué son accord sur un autre candidat, et que les francophones l'ont déjà accepté.

— Qui ?

— Sigiswald Dumont.

— Dumont ? Mais c'est un CVP [4] !

— Justement.

— Comment, justement, que voulez-vous dire ? Le poste ne doit-il pas revenir à un socialiste ?

— Croyez-vous qu'on nomme un socialiste francophone pour ses convictions socialistes ? On nomme un socialiste francophone parce que ce parti est dominant et majoritaire. S'il faut le remplacer par un Flamand, on choisira un flamand dominant et majoritaire. Or, nous autres socialistes flamands, nous avons vocation à rester minoritaires. A chacun son rôle. N'est-il pas d'ailleurs préférable que nous restions un aiguillon, une véritable formation de gauche, plutôt que d'être un simple parti de gestionnaires comme nos cousins francophones ?

---

4 CVP, *Christelijke VolksPartij*, aile flamande de la famille (?) social-chrétienne. Au pouvoir sans interruption en Belgique depuis 1958, ce parti, le premier de Flandre, produit depuis plus de vingt ans tous les premiers ministres des gouvernements fédéraux et flamands. N'a toutefois pas encore réussi à imposer un des siens à la tête du gouvernement wallon, mais cela ne devrait tarder. (N.d.T.)

La démonstration était éclatante, sans appel. Mais Dumont ! Son incompétence était flagrante ! Il était en outre notoirement alcoolique et caractériel.

— Et alors ?, reprit Lenoble. Pourquoi voudriez-vous que, subitement, l'administration se mette à choisir les gens pour leurs compétences ? Cela ne fait pas partie de notre tradition.

— Il faut changer la tradition ! Si la Flandre veut vaincre demain, elle doit sélectionner ses élites et les placer dans les fonctions les plus importantes, y compris à la région de Bruxelles : si nous laissons la gestion de Bruxelles à des incapables, nous en ferons une nouvelle Allemagne de l'Est. La réunification sera très dure !

— Votre raisonnement n'est pas inexact, mais vous ne pouvez négliger la réalité des faits. Ce pays a toujours fonctionné en médiocratie : en mettant des hommes moyens à tous les niveaux de pouvoir, nous avons toujours pris soin d'écarter tous ceux qui pourraient dépasser le niveau ambiant. Des gens trop brillants seraient dangereux, ils briseraient le consensus et la paix sociale. Regardez nos premiers ministres : ceux qui réussissent à tenir sont ceux que l'on jugerait partout ailleurs comme les gens les plus ordinaires, alors que ceux qui se piquent d'être des intellectuels sont éjectés après quelques semaines. Voyez la France, qui ne sait plus que faire de ses énarques et finit par se plaindre de cette élite qui occupe tous les postes clés de l'industrie et de l'administration : nous ne sommes pas prêts d'avoir semblable problème. N'a-t-on pas coutume de dire que, pour réussir en Belgique, il faut être terne comme le ciel et bas comme les nuages ?

Jongen quitta Lenoble fort marri. Ainsi donc, la Flandre victorieuse ne pouvait s'empêcher de fonctionner encore selon certains vieux schémas de la Belgique de papa. Le découragement ne fut toutefois que passager : le soir même, il adressait sa lettre de démission au parti socialiste et sa demande d'adhésion au *puissant* parti social-chrétien.

VII

*Où le héros tente de se débarrasser des derniers signes
de sa défunte appartenance francophone ; où il constate que, même dans la Flandre victorieuse, l'administration peut garder l'hermétisme d'une huître.*

L'épisode resta néanmoins comme un signal précieux :
Jongen portait encore sur lui des éléments qui pouvaient
trahir son ancienne appartenance francophone, et il convenait de s'en défaire au plus tôt. Certes, depuis qu'il lisait
le *Standaard* et avait adhéré à une (puis une autre) formation politique flamande, la bonne foi de sa flamandisation
n'était plus mise en cause par ses proches ; le risque sub-
sistait toutefois que certains de ses adversaires – chacun de
ses ralliements successifs en accroissait le nombre – se
saisissent de quelque détail pour compromettre l'envol de
sa nouvelle existence.

Par chance, Jongen ne portait sur lui ni chaînette, ni
gourmette qui eût pu rappeler trop visiblement l'ancienne
graphie de son prénom. L'intérieur de son alliance nup-
tiale, par contre, portait « Isabelle – Eric » et la date de leur
mariage : sans doute y avait-il peu de risques qu'on la lui
ôte, mais il décida néanmoins, par prudence, de ne plus
la mettre jusqu'à ce qu'un bijoutier ait réparé cet anachro-

nisme. Il procéda ensuite à l'inventaire de son portefeuille, et fut effaré des découvertes qu'il y fit.

Il trouva d'abord une carte, émanant de la Croix-Rouge, attestant de ce que son groupe sanguin était *O Positif*. Difficile de s'en débarrasser : en cas d'accident grave, il serait précieux aux secouristes de connaître cette information afin de pouvoir procéder aux transfusions éventuellement nécessaires. Par contre, si son cas s'avérait à ce point désespéré qu'il fallait lui administrer les derniers sacrements – sa nouvelle pratique religieuse dominicale et son adhésion au CVP le faisaient désormais passer pour un catholique bon teint –, le risque existait bel et bien que l'extrême-onction lui fût donnée en français. Tant d'efforts passés à vivre en Flamand pour mourir en français ! L'idée était intolérable.

Après mûre réflexion, il fit une photocopie de sa carte de donneur de sang, l'adressa à la *Rode Kruis*[1] en demandant qu'une nouvelle version rédigée en néerlandais lui soit adressée dans le meilleur délai, joignant une enveloppe timbrée et munie de la surtaxe *Express* afin d'avoir un maximum de chances de recevoir une réponse rapide. Puis, il prit l'original, et inscrivit à l'encre rouge sur chacun des six volets « Veuillez me soigner et, en cas de besoin, m'administrer les derniers sacrements en flamand. ». Il avait instinctivement rédigé cette phrase en flamand mais, il lui parut opportun d'en ajouter – à l'encre noire cette fois – la traduction française : il fallait éviter que quelque médecin bruxellois francophone peu scrupuleux

---

1 Croix-Rouge flamande. (N.d.T.)

profite d'une probable méconnaissance du flamand pour ne pas comprendre ces indications, et le soigne en français pour accroître la quantité de subsides accordés à son hôpital.

Il trouva ensuite quelques vieilles cartes de visite, sur lesquelles ses fonctions étaient mentionnées en français avant de l'être en flamand. Il avait évidemment fait la demande au service achats du ministère d'en recevoir un nouveau jeu, sur lesquelles le bilinguisme de rigueur serait ordonné dans l'autre sens, mais il ne savait quand il les obtiendrait, d'autant qu'il soupçonnait le responsable du service – fransquillon notoire – d'avoir volontairement égaré les trois exemplaires du formulaire C 34 sur lesquels il avait adressé sa commande. Dès lors, pour éviter toute difficulté, il se rendit lui-même dans un magasin et en fit immédiatement établir à ses frais. Et, tant qu'à faire, uniquement en flamand.

Il eut vite fait de déchirer quelques cartes de fidélité de magasins trop notoirement francophones, dans lesquels il n'irait de toutes façons plus puisqu'on n'y parlait pas le flamand. Restait l'épineuse question de son permis de conduire, pour lequel il devait se rendre à l'administration communale. Il en profiterait pour tenter de faire modifier sa carte d'identité : s'il avait dû accepter, à son corps défendant, que celle-ci fût établie en flamand lorsqu'il s'était domicilié dans cette région flamande où il se réjouissait de vivre aujourd'hui, il n'en avait pas moins tenu à ce que ses prénoms fussent orthographiés à la française. Car, à la naissance, ses parents ne l'avaient pas seulement appelé Eric, mais aussi Jean, Marcel et Etienne. Il s'imposait aujourd'hui de mettre ces dénominations en conformité avec sa nouvelle vie.

Il s'octroya donc une demi-journée de congé pour faire les démarches administratives nécessaires. A la maison communale, il fut accueilli – en flamand, bien évidemment – par un fonctionnaire plutôt amène.

— C'est à quel sujet, Monsieur ?

— Je voudrais faire changer mon permis de conduire, fit Jongen en lui tendant le document abhorré.

— Ah, Monsieur est francophone, s'écria l'autre en français au prix d'un effort manifeste.

— Non, non, je voudrais justement changer pour cela, je voudrais que mon permis de conduire soit établi en flamand.

— Mais Monsieur, il n'est pas de problème avec cela, continua l'autre dans son français approximatif. Tu pouvez le garder ainsi, ça est toujours valide.

— Vous pouvez me parler flamand, je suis flamand ! hurla Jongen en flamand.

— Non, monsieur, il n'est pas de problème avec cela, je suis une fois content de pouvoir practiser ma français, je n'ai pas beaucoup l'occasion de faire le.

— Je suis flamand ! Je veux un permis de conduire en flamand !

— Mais Monsieur, te faut pas. Ta permis français est toujours valide, et nous n'avons rien ici contre les francophones, surtout quand ils montrent qu'ils veulent bien essayer de parler aussi sur le flamand. Garde-le comme cela, la police va pas t'embêter avec cet permis.

— Je veux bien payer ! Combien vous dois-je ?

— C'est cinq cents francs pour un nouveau permis, mais je peux pas te donner un parce que celui-ci est toujours valide. Je peux donner un que si le tien est périmé, ou que tu l'avez perdu.

Connaissant mieux que quiconque l'inflexibilité de la décision administrative, Jongen sortit furieux de la maison communale. Touché par un éclair de génie, il avisa une bouche d'égout, déchira son permis de conduire, y jeta les morceaux un par un, puis, par acquit de conscience, jeta également sa carte d'identité non sans avoir tenté préalablement – mais en vain – de la déchirer. Il rentra dans le bâtiment, retourna au guichet n° 5 et interpella, toujours en néerlandais, le même fonctionnaire placide, tentant toutefois de retrouver son calme.

— Bonjour, j'ai perdu mon permis de conduire. Est-il possible d'en avoir un nouveau ?

— Ah, monsieur, bonjour ? Tu êtes encore là ?

— Oui, je voudrais un nouveau permis de conduire, j'ai perdu le mien.

— Oui, vous peux me donner ton carte d'identité ?

— C'est que je l'ai perdue également. A dire vrai, il m'en faudrait aussi une nouvelle.

Jongen déclina nom et adresse. Fut informé de ce que le paiement des documents administratifs devait se faire par timbres fiscaux et non en liquide (« et pourquoi pas avec un carte de crédit tant que vous y es ? »). Fit vingt-deux minutes de file d'attente au bureau de poste (« non, ici, ce sont les timbres postaux, pour les timbres fiscaux c'est le guichet 3 ») pour acheter un timbre fiscal de cinq cents francs. Apprit à son retour que la délivrance d'un permis de conduire en remplacement d'un permis perdu coûtait quinze cents francs et non cinq cents, une taxe de perte de mille francs venant s'ajouter au prix de base. Retourna au bureau de poste pour acquérir mille francs de timbres fiscaux supplémentaire (dix-neuf minutes, record battu). Revint à la maison communale pour s'apercevoir que d'autres administrés avaient, dans l'intervalle, entrepris de faire le siège de son fonctionnaire attitré (vingt-sept minutes d'attente). Puis, au moment où le préposé allait signer le nouveau permis, rose, frais et néerlandophone, s'entendit réclamer le formulaire de police.

— Quel formulaire de police ?

— Le formulaire de déclaration de perte ou de vol de documents d'identité. Quand tu perdez tes papiers, te faut aller...

Le commissariat de police était heureusement voisin de la maison communale, et il ne fallut que trente-quatre minutes à l'agent de faction pour enregistrer la plainte de la femme battue que Jongen, moins par galanterie que par dégoût pour son œil violacé et gonflé, avait laissé passer devant lui à l'entrée. Il fut bien en peine d'exposer où et quand exactement il avait pu perdre son permis de conduire et sa carte d'identité. L'agent rédigea donc une déclaration provisoire de perte (valant entre-temps titre d'identité), lui imposant de chercher encore chez lui pour voir s'il ne retrouvait pas les précieux documents. « Si dans cinq jours, vous ne les avez pas retrouvés, vous pouvez revenir. Nous vous délivrerons alors une déclaration de perte définitive, avec laquelle vous pourrez obtenir de nouveaux documents à l'administration communale. Mais attention, il y a une taxe de perte de mille francs. »

Je sais, merci.

VIII

Où le héros se trouve confronté à certaines bizarreries du système institutionnel de l'entité géographique qui constitue toujours son pays, qu'il le veuille ou non ; où l'on constate avec lui qu'il n'est point aisé de traduire en réalités juridiques les meilleures intentions.

Quelques jours plus tard, Jongen obtint enfin son permis de conduire en flamand. Il reçut également une nouvelle carte d'identité, mais sur laquelle il se prénommait toujours *Eric Jean Marcel Etienne*. L'administration communale n'avait en effet pas permis qu'il devienne officiellement *Erik Jan Marcel Stefan*, arguant de ce qu'elle était légalement tenue de respecter les indications précises de l'officier de l'état-civil liégeois qui avait enregistré de la bouche de son père la déclaration de sa naissance. Si son pauvre père avait su.

On apprit alors la chute inopinée du gouvernement fédéral, irrémédiablement divisé sur la question de la nomination d'un nouveau percepteur des postes dans une commune de la région de langue allemande. Un parlementaire flamand avait interpellé le ministre compétent sur la rédaction d'un avis de recrutement prescrivant la connaissance de l'anglais comme deuxième langue et du

français comme troisième langue, et le ministre – francophone, faut-il le dire – s'était avéré incapable d'expliquer
pourquoi la connaissance du flamand comme quatrième
langue n'avait pas été requise. Il eut beau protester de
l'autonomie, récemment conquise, de l'ancienne Régie des
Postes étatique, rien n'y fit : les éditorialistes de la presse
flamande réclamèrent sa démission, les ministres francophones firent front autour de lui pour la refuser, et les
ministres flamands décidèrent alors de quitter en bloc le
gouvernement en signe de protestation. Le Premier ministre n'eut d'autre recours que d'avertir le Roi de cette situation de crise et, après trente-trois jours de consultations
infructueuses pour constituer une majorité alternative, les
deux chambres se suicidèrent de concert en adoptant une
déclaration de révision de la Constitution qui entraînait
leur propre dissolution[1]. On voterait trente-six jours plus
tard.

L'annonce de ces élections prit au dépourvu la plupart
des formations politiques. Non seulement, elles n'avaient
pas encore eu le temps de reconstituer les trésors de guerre
susceptibles de financer la campagne mais, pire encore, il
devenait de plus en plus difficile, en ces temps de désaf-
fection de la chose politique et de crise du militantisme,

----

1 Par l'effet d'une bizarrerie constitutionnelle, la façon la plus
simple de provoquer des élections en Belgique est de soumettre la
Constitution à révision. On fait ainsi d'une pierre deux coups,
puisque la Constitution doit de toutes façons pouvoir être modifiée en permanence au gré des accords politiques et communautaires.

de trouver un nombre de candidats suffisant pour remplir les listes. Pour les seules élections du parlement de la région de Bruxelles par exemple, chaque parti flamand devait trouver pas moins de soixante-quinze[2] candidats, alors qu'aucun d'entre eux n'avait l'espoir d'en faire élire plus de trois. Cela faisait donc quelque soixante-dix[3] volontaires à trouver qui devaient accepter de se brouiller avec la moitié de leurs voisins en affichant *urbi et orbi*, mais en pure perte, leurs convictions politiques, et qui couraient le risque du ridicule en constatant, lors du décompte de leur unique voix de préférence, que même leur conjoint n'avait pas voté pour eux.

Heureusement, l'organisation croissante du système clientéliste qui assure le fonds de commerce électoral permettait désormais de répondre à cette crise des vocations. Chaque parti disposait d'un fichier informatique reprenant non seulement la liste de ses membres en règle de cotisation mais aussi les coordonnées de ses obligés passés, présents et futurs. C'est parmi ces derniers que se recrutaient surtout les candidats en ordre inutile aux élections : si ceux qui avaient été personnellement servis par l'action d'un mandataire politique se montraient trop souvent d'une regrettable ingratitude, ceux qui étaient en

---

2 C'est ici que le lecteur peut constater que cet ouvrage est effectivement traduit du belge, et que le traducteur ne s'est pas borné à ajouter quelques commentaires çà et là. (N.d.T.)

3 Je me demande néanmoins si je n'aurais pas fait des économies en me passant de traducteur et en publiant directement l'ouvrage en belge. (Note de l'éditeur).

attente d'un emploi, d'une nomination ou d'une promotion et l'avaient fait savoir à leur formation ne refusaient que rarement de figurer sur ses listes électorales.

Fort logiquement, Jongen, qui avait non seulement adhéré au CVP mais y avait fait aussi connaître ses ambitions pour tout poste susceptible de se libérer au sein de son ministère, fut enrôlé. On lui proposa d'occuper la cinquante-septième position, et il accepta immédiatement avec autant d'enthousiasme et d'abnégation que si on lui avait proposé la cinquante-huitième ou la première. Pareil engagement lui semblait d'ailleurs parfaitement normal : quelques années plus tôt, alors qu'il était encore socialiste francophone, il avait accepté d'être le soixante-deuxième candidat de son parti aux précédentes élections bruxelloises. Cinq places ainsi gagnées, pensa-t-il, c'était assurément une promotion flatteuse en reconnaissance de ses mérites.

Justement.

Justement, il apparut assez vite que cette candidature antérieure posait problème. Si deux ou trois dirigeants de sa section locale étaient au courant de son passé francophone, Jongen n'avait jamais cherché à donner trop de publicité à ses erreurs de jeunesse ; il s'était d'autant moins vanté de sa précédente confrontation au suffrage universel que les sept voix de préférence qu'il avait remportées alors ne pouvaient être à proprement parler considérées comme un capital électoral enviable. Et à dire vrai, quand bien même ce passé électoral eût été connu, tout le monde ignorait cette étonnante disposition légale qui ruina tous ses espoirs de carrière politique traditionnelle.

Il apparut en effet que le fait pour Jongen d'avoir été, fût-ce une seule fois et il y a longtemps, candidat sur une liste francophone avait pour conséquence de fixer *ad vitam aeternam* son sexe électoral. La loi était ainsi faite : une fois flamand, toujours flamand ; une fois francophone, toujours francophone. Certes, lui précisèrent les constitutionnalistes les plus éminents qu'il consulta à prix d'or, il ne s'agissait là que de son avenir électoral. Pour tous les autres domaines de son existence, il restait libre de devenir flamand : dans l'état actuel de la législation, son passé de candidat francophone ne l'empêchait ni de parler flamand, ni d'occuper un emploi dans l'administration flamande, ni même de voter pour des candidats flamands. Par contre, son péché originel subsisterait à jamais pour toute velléité de candidature : sauf à attendre le jour où l'Etat flamand autonome et libre aurait abrogé les lois de l'Etat belge, jamais il ne serait un parlementaire flamand.

Cette fois, le coup fut rude. Jongen avait été habitué à connaître nombre de revers tout au long de ses combats politiques, mais celui-ci lui fut plus difficile à supporter. Ainsi donc, il existait des lois qui empêchaient les gens comme lui de revenir dans le droit chemin. A une époque où même les condamnés à mort n'avaient plus depuis longtemps la tête tranchée et pouvaient être libérés avant terme pour bonne conduite, en un temps où le droit au repentir était constitutionnellement reconnu aux pires pervers, dans un pays où le Roi a le pouvoir de gracier qui bon lui semble, il restait encore un crime inexpiable, et c'est celui qu'il avait commis : naître, croître et s'engager du mauvais côté de la barrière linguistique.

Certes, il savait avoir agi par intérêt personnel plus que par conviction, mais, outre que cet embryon de scrupule fût déjà profondément enfoui, il constata que la règle eût été la même s'il avait été sincère, et cela lui paraissait intolérable. Il se sentait prêt à saisir la Cour européenne des droits de l'homme de cette violation flagrante de ses droits à l'erreur, à l'opportunisme et à la réinsertion sociale. Plus que tout, il ne comprenait pas que pareille loi scélérate et injuste ait pu voir le jour : passe encore que des francophones aient pu la voter, cherchant à prévenir l'exode de ceux qui, comme lui, ne tarderaient pas à quitter le navire avant qu'il ne coule, mais comment des Flamands avaient-ils pu tomber dans ce piège, se privant ainsi d'accueillir dans leurs rangs leurs frères de la diaspora ? Il était décidément temps d'en finir avec la Belgique.

IX

*Où notre héros opte pour des formes plus radicales
d'action politique. Où il fréquente un des hauts lieux
du tourisme flamand de masse.*

Désappointé par l'infortune prématurée de ce nouvel
engagement politique, Jongen ne renonça pas pour autant
à servir la cause flamande. De toute façon, se consola-t-il,
ce n'est pas en occupant une cinquante-septième place sur
une liste où devaient s'affronter quelque quinze cent candidats pour soixante-quinze places à pourvoir qu'il aurait
pu véritablement faire entendre sa voix. A dire vrai, l'engagement politique traditionnel n'avait jamais été son
mode d'action, et il était vain de croire qu'il pourrait le
devenir un jour. Jongen était un homme de terrain, et il
lui fallait renouer avec les actions de terrain.

Il tenta alors de retrouver Lutgarde Delorme pour s'engager dans les rangs de la Grande Loge Bruocsella. De tous
les mouvements flamands spécialisés dans ce que la presse
avait coutume de dénommer pudiquement les actions
revendicatives concrètes, la Grande Loge lui paraissait en
effet la plus fréquentable : elle était efficace sans jamais
être violente, et radicale sans jamais frayer avec l'extrémisme néo-nazi de certains autres. C'était donc dans ses
rangs qu'il devait désormais militer, et l'expérience qu'il

avait acquise au sein de l'Ordre y serait appréciée à sa juste valeur. Le pèlerinage de l'Yser devait avoir lieu le week-end suivant, et Delorme y serait certainement.

Organisé depuis 1920, le pèlerinage de l'Yser se tenait dans la petite ville de Dixmude le dernier dimanche d'août. Là, au pied de la tour de l'Yser, vaste monument construit pour commémorer le sacrifice durant la première guerre mondiale des soldats retardant sur le front de l'Yser l'avance des troupes allemandes, plusieurs dizaines de milliers de militants de la cause flamande se réunissaient chaque année pour une cérémonie tenant à la fois de la grand-messe et du meeting politique. C'est que, selon l'historiographie officielle, l'essentiel des soldats tombés au champ d'honneur étaient des Flamands engagés sous les ordres d'officiers francophones, de telle façon que le pèlerinage de l'Yser était devenu, au fil des ans, le symbole de la résistance flamande à la domination francophone sur la Belgique.

Du temps de son appartenance francophone, Jongen n'avait évidemment jamais fréquenté le pèlerinage de l'Yser. Il en avait vu, à la télévision, les images chaque année semblables. Les francophones se limitaient à montrer les débordements de violence qui accompagnaient généralement le pèlerinage depuis que la présence accrue d'une extrême-droite nationaliste flamande en avait fait un lieu de rassemblement des néo-nazis des quatre coins de l'Europe, venus là comme ils auraient fait le déplacement pour un festival de hard-rock ou la commémoration de quelque dirigeant national-socialiste : il était ainsi assez aisé de réduire la complexité du mouvement flamand à ses seuls excès pour en marginaliser la portée, à faire du pèlerinage de l'Yser le pèlerinage de fer[1]. Côté flamand au contraire, on privilégiait les discours politiques, mais on gommait autant que possible tout ce qui eût pu donner de cette joyeuse fête de famille une image un tant soit peu négative. En additionnant ces deux points de vue, Jongen réussissait généralement à se faire une idée assez correcte de l'événement : il n'en avait toutefois jamais perçu la dimension de masse.

Telle fut sa principale surprise. Le pèlerinage de l'Yser ne se réduisait ni à un grand congrès idéologique, ni à un rassemblement de skinheads : c'était aussi une sorte de vaste fête populaire, à laquelle beaucoup venaient en famille pour goûter du soleil des dernières journées d'été et de vacances. Certes, les délégations d'anciens combattants figuraient toujours en bonne place, même s'ils n'étaient plus qu'un petit groupe de quelques dizaines d'hommes parmi d'autres factions autrement puissantes. Sans doute aussi y avait-il là tout le ban et l'arrière-ban des groupes et groupuscules du mouvement flamand, des plus respectables aux plus extrémistes. Bien sûr, tous les partis de l'échiquier politique flamand étaient représentés, officiellement ou officieusement, la plupart préférant laisser au premier plan leurs organisations sœurs ayant pour objet spécifique la réflexion et la prospective sur le devenir de

---

1 Yser en néerlandais se dit *Ijzer*, qui signifie également fer. (N.d.T.)

la nation flamande[2] : ils évitaient ainsi de radicaliser le jeu gouvernemental en s'abstenant d'avancer eux-mêmes des revendications qu'ils cautionnaient sans pouvoir les soutenir officiellement.

Tout cela, Jongen s'attendait à le voir. Ce qui le surprit, c'étaient toutes ces associations apparemment plus folkloriques mais pas nécessairement moins radicales : les mouvements de jeunesse à la discipline quasi-militaire, les adhérents de l'automobile-club flamand qui n'hésitait pas à se transformer en mouvement revendicatif communautaire[3], et même les membres de l'ANZ[4], chantant en

---

2 La segmentation déjà évoquée de la société belge en familles idéologiques chrétienne, libérale et socialiste se poursuit jusque dans le mouvement autonomiste flamand où chaque tendance a son organisation, respectivement le Davidsfonds, le Willemsfonds et le Vermeylenfonds. Avec près de quatre-vingt mille membres (pour onze mille et sept mille aux deux autres), le Davidsfonds catholique est de loin le plus puissant ; il est aussi le plus radical. (N.d.T.)

3 Un de ses dirigeants réclama ainsi un jour qu'une seule des trois bandes de circulation de l'autoroute de la mer fût accessible aux Wallons se rendant à la côte, les deux autres restant réservées aux Flamands au motif que seuls ceux-ci en finançaient l'infrastructure par leurs impôts.(N.d.T.)

4 Algemeen Nederlands Zangverbond, association en principe culturelle destinée à promouvoir la pratique de la musique en Flandre. A travers près de 700 chorales et fanfares, elle rassemble quelque trente mille personnes, mais son propos est loin d'être seulement musical : lors de sa Zangfeest (fête du chant) annuelle, des discours nationalistes flamands sont également prononcés. (N.d.T.)

chœur de vieilles chansons flamandes et jouant cors et trompettes pour donner au rassemblement une allure festive. Il regretta même un instant de n'avoir amené avec lui Isabelle, Karel et Serge, tant il eût à ce moment aimé faire les présentations entre ses deux familles, l'ancienne et la nouvelle, la biologique et l'idéologique.

S'il n'y avait eu que ces hommes, ces femmes et ces enfants extraordinairement ordinaires, Jongen eût pu se faire une image idyllique, familiale et populaire du mouvement flamand. Mais le contraste entre leur bonhomie apparente, et les crânes rasés et tenues de combat des militants du *Vlaams Blok*[5] ou du *Taal Aktie Komitee*[6] qu'ils côtoyaient sans difficulté apparente lui laissa un léger sentiment de malaise. Lequel de ces deux visages reflétait la réalité du mouvement flamand ?

Au milieu de l'après-midi, les leaders de toutes tendances continuaient à se succéder à la tribune officielle en haranguant la foule à coup d'indépendance, d'autodétermination et d'objectif 2002[7]. Arpentant toujours la vaste

---

5 Bloc flamand, parti politique issu des éléments les plus radicaux de la *Volksunie* et combinant extrémisme linguistique et racisme traditionnel. Situé clairement à l'extrême-droite de l'échiquier politique, le *Vlaams Blok* est le premier parti d'Anvers et de quelques autres villes flamandes, mais n'occupe actuellement le pouvoir nulle part. (N.d.T.)

6 Comité d'action linguistique, mouvement d'action extrémiste, antérieur au *Vlaams Blok* mais également proche de l'extrême-droite. (N.d.T.)

7 L'an 2002, sept centième anniversaire de la Bataille des Éperons d'Or, a été pris en point de mire par nombre de mandataires

plaine à la recherche de membres de la Grande Loge, il se laissait bercer par cette litanie rassurante. Peu importe qu'ils disent tous la même chose. Au contraire, quel bonheur ! Pour lui qui avait ressenti plus d'une fois les doutes, les incertitudes et les tiraillements du mouvement fédéraliste wallon, la convergence ronronnante des pensées flamandes avait quelque chose d'extraordinairement sécurisant : son malaise se dissipa, ses interrogations s'évanouirent, et il se dit qu'il avait vraiment fait le bon choix.

Il en était à ce point de ces cogitations quand il rencontra Jaak Derasse, un des vice-présidents de la Grande Loge. Lutgarde Delorme, lui apprit-il, n'était pas là : leur organisation avait refusé de s'associer cette année au pèlerinage de l'Yser, jugé trop tolérant envers les groupes d'extrême-droite, et lui-même n'était là qu'à titre personnel. En revanche, elle prendrait part au *Gordel* la semaine suivante.

flamands comme l'année de l'accomplissement complet des souhaits linguistico-communautaires. (N.d.T.)

X

Où le héros, projetant de rejoindre l'équipe cycliste de la Grande Loge Bruocsella, s'entraîne pour le Tour des Flandres. Où il voit s'ouvrir devant lui une nouvelle et exaltante ère d'actions de terrains.

Sept jours plus tard, le soleil brillait toujours, et Jongen pédalait aux côtés de Lutgarde Delorme. En tout bien tout honneur, certes, et au vu et au su de tout le monde : Karel et Serge étaient sur leurs vélos quelques mètres devant avec les quatre filles de Delorme, tandis que derrière eux, Isabelle devisait, apparemment non sans déplaisir, avec Koen, le mari de la Grande-Maîtresse de la Grande Loge. Car s'il y avait moyen de trouver dans le pèlerinage de l'Yser des aspects familiaux et attendrissants, c'était plus encore le cas dans ce *Gordel* auquel il prenait part ce jour-là avec femme et enfants.

Mise sur pied par la plus grande association sportive publique flamande, cette randonnée vélocipédique annuelle se donnait le prétexte innocent d'une large boucle autour de Bruxelles traversant toutes les communes de la périphérie flamande : chacun y pédalait à son allure, sans compétition ni concurrence mais avec facilités. Hommes et femmes, jeunes et vieux, célébrités et sans grades, Flamands et Flamands, tous étaient également bienvenus au

Gordel. Pas de discours, pas de néo-nazis – l'usage du vélo est pratique assez rare chez les skinheads –, mais beaucoup d'hommes politiques, plus de célébrités encore qu'au pèlerinage de l'Yser : sous des dehors délicatement sportifs, le *Gordel* était en fait la plus politique des manifestations flamandes de masse. On n'était pas là seulement pour faire du vélo, mais aussi et surtout pour rappeler à qui voulait l'entendre et le voir que Bruxelles est ceinturée[1] par la Flandre. On tournait autour de Bruxelles comme les Indiens dansaient autour du totem avant de scalper les visages pâles. Il n'était pas précisé quand on scalperait, mais ce n'était assurément que l'affaire de quelques années. 2002 ?

Dans cette manifestation d'impérialisme flamand à visage humain régnait une ambiance bon enfant. On prenait évidemment un plaisir tout particulier à s'attarder aux carrefours des routes venant de Wallonie vers Bruxelles, à voir les gendarmes bloquer toute circulation automobile, à regarder s'allonger à l'infini les files de voitures francophones bloquées par le flot de vélos flamands, mais il n'y avait rien là qui dépasse les limites d'une bienséante revanche. Et si certains rêvaient sans doute de transformer ce rideau de rayons en rideau de fer, aucun n'avait le mauvais goût de le dire. Ou alors pas devant les caméras.

Doté d'un bon coup de jarret, Jongen n'avait eu aucune peine à remonter le peloton jusqu'à repérer Lutgarde Delorme. Elle portait une grande jupe blanche en coton

---

1 En néerlandais, *gordel* signifie ceinture. (N.d.T.)

léger, un cardigan de mailles fines et un chapeau de paille, mais sa façon caractéristique de tendre le cou et de lever le menton la rendait reconnaissable entre toutes. Elle avait été informée par diverses sources de son ralliement, et semblait maintenant convaincue de sa sincérité. C'est avec confiance, et même parfois avec chaleur, qu'elle l'informa des projets de la Grande Loge et du rôle qu'il pourrait y tenir, fort de son expérience au sein de l'Ordre.

— Vous savez la difficulté de mouvements comme le nôtre. Nous devons en permanence trouver des formes d'action nouvelles, suffisamment frappantes pour mobiliser les médias, point trop violentes pour ne pas tomber dans les excès de certains, et assez simples pour être exécutées par nos membres qui ne bénéficient que d'un entraînement limité. Cela nous contraint à un effort de renouvellement permanent. J'ai eu plusieurs idées que je voudrais vous soumettre : vous pourrez, mieux que quiconque, me dire quel impact elles sont susceptibles d'avoir sur l'opinion francophone. Je pense en effet qu'un ralliement comme le vôtre n'est que le premier d'une longue série, et qu'il importe dès lors que nous nous fassions connaître en Wallonie pour y séduire de futurs adhérents, voire même de futurs électeurs. Mon intention à moyen terme est en effet de transformer la Grande Loge en parti politique : il y a une place à prendre pour un parti autonomiste centriste, et je pense que nous pouvons l'occuper.

Les projets étaient nombreux et diversifiés. Sur le plan strictement médiatique, la Grande Loge avait l'intention de convier la presse dans un champ de la frontière linguistique où passait un gazoduc : on provoquerait une explosion pour faire sauter la conduite (symboliquement ou non, cela restait à déterminer selon les implications juridiques), et l'attentat serait présenté comme la destruction définitive du pipe-line des transferts indus du nord vers le sud. En termes de communication, Delorme avait imaginé d'imprimer et de diffuser dans toutes les boîtes aux lettres de Bruxelles un journal vantant en français et en anglais la pertinence des thèses flamandes. Ce n'est pourtant pas pour cela, précisa-t-elle, qu'elle était heureuse de s'assurer ses services : elle avait pensé à lui pour une mission bien plus importante.

— Selon des informations que nous avons pu recueillir, un vaste maquis francophone serait en train de se mettre en place en prévision d'une possible conquête de Bruxelles par nos forces.

Elle avait dit « nos forces » comme si... Ainsi donc, les chimères de l'Ordre étaient réelles ?

— Il n'est pas besoin de vous dire que de tels réseaux de terroristes constituent un danger potentiel pour l'accomplissement de nos projets, quels qu'ils soient. Nous avons donc décidé au sein de la Coordination des organisations flamandes[2] de les neutraliser sans attendre. Mais discrètement.

— Que voulez-vous dire ?

---

2 L'OVV (*Overlegcentrum van de Vlaamse Verenigingen*) réunit une quarantaine d'organisations flamandes de tous types, et définit, en principe discrètement, les combats et les revendications prioritaires de ses affiliées. (N.d.T.)

— Les mettre hors d'état de nuire, mais sans en faire des martyrs : ils seraient bien plus embarrassants morts que vivants. Il va sans dire que nous ne pouvons confier cette tâche au TAK ou à d'autres groupuscules similaires. Il faut agir avec doigté et subtilité, et c'est pourquoi la Grande Loge a été chargée de cette tâche.

— Vous ne comptez quand même pas sur moi pour mener cette opération ?

— Pour l'élimination, non, mais pour le renseignement si. Vous êtes parmi nous le meilleur connaisseur des mouvements extrémistes francophones : vous n'aurez aucune peine à identifier les réseaux, à en évaluer l'importance, à trouver leurs planques et à nous fournir toutes les informations nécessaires. Ensuite, vous les infiltrerez, et nous ferons le reste.

— Les infiltrer ?

— Oui, vous joindre à eux : vous feindrez de choisir la clandestinité avec eux, vous ne les quitterez plus mais vous resterez en contact avec nous pour nous avertir de leurs projets, de leurs déplacements, de leurs nouvelles cachettes.

Delorme ignorait manifestement que les maquis se limitaient actuellement à trois ou quatre marginaux désœuvrés de l'Ordre campant dans un parc ou squattant le placard à balais d'une station de métro : toujours prompte à dénoncer le danger de la perversité française, la Coordination flamande était sans doute convaincue d'avoir affaire à un réseau déjà bien organisé, numériquement important et largement structuré. Une véritable armée de l'ombre.

— Mais il y a sans doute parmi eux des gens qui me

connaissent, et qui savent que je me suis rallié à votre cause !

— Vous leur direz que vous avez feint ce ralliement pour nous infiltrer. Ce ne sera pas la première fois dans l'histoire qu'un agent double se livrera à ce genre d'acrobaties rhétoriques : lisez deux ou trois romans d'espionnage, et vous verrez comment il faut faire. Si vous y tenez, je peux vous donner quelques références.

— Et mon travail ?

— Ne vous en faites pas pour le ministère. Plusieurs de vos supérieurs sont des nôtres : ils ont déjà marqué leur accord sur votre *détachement*. Et si vous acceptez, vous aurez la promotion que vous attendez.

— Et ma femme ? Et mes enfants ?

— Nous nous occuperons de tout. Ils continueront à percevoir votre salaire, doublé d'une prime de risque d'un montant équivalent, versée sur un compte en Suisse par une de nos filiales établie à Jersey. Pour prévenir tout risque, nous souscrirons pour vous et à leur bénéfice une confortable assurance-vie, bien sûr déductible fiscalement. Nous mettrons également à la disposition de votre épouse une voiture avec chauffeur, pour la libérer de toute charge de ce type. Vous avez une préférence pour la marque ?

— Et si je refuse ?

— Alors nous n'avons plus rien à nous dire.

— Ecoutez, je ne peux pas vous répondre comme cela. Il faut que j'en parle à ma femme.

— Allez-y, je vous attends.

Il cessa de pédaler, laissant poursuivre son vélo sur son erre en attendant qu'Isabelle remonte à sa hauteur. Le

groupe de cyclistes en compagnie desquels il pédalait ar-
rivait justement à la hauteur du carrefour avec la route
reliant Bruxelles à Waterloo. Celle-là même dont certains
hommes politiques wallons ne doutant décidément de rien
avaient un jour tenté de faire un corridor exclusivement
francophone reliant Bruxelles à la Wallonie. *Et puis quoi
encore ?*

SYNTHÈSE

pour des rationalismes de fait
et d'autre ⟶ mais la solution
proposée est-elle plus ou moins
horesque ?

De la manière de manipuler les données d'un problème

I

Le Soir, 8 septembre

« INCIDENT AU GORDEL »

C'est ce dimanche qu'avait lieu le traditionnel *Gordel*, à l'occasion duquel les Flamands de la périphérie rappellent, par un encerclement pacifique mais déterminé, leur présence autour de Bruxelles. On reconnaissait d'ailleurs parmi les cyclistes le président ***, les députés ***, ***, *** et ***, les sénateurs *** et *** et même le commissaire européen ***, d'ailleurs accompagné de toute sa famille et de plusieurs membres de son cabinet.

Tout se passait comme de coutume dans une certaine bonhomie, quand on dut déplorer un grave incident sur la chaussée de Waterloo à hauteur du carrefour du Prince d'Orange. Selon les premiers éléments de l'enquête, un automobiliste en provenance de Bruxelles, excédé d'attendre, aurait forcé le barrage mis en place par la gendarmerie pour permettre le passage du *Gordel* et aurait foncé dans un groupe de cyclistes. Si la plupart se sont relevés avec de simples contusions et ont pu rentrer chez eux après avoir reçu quelques soins superficiels à la clinique du Longchamps, l'un d'entre eux a dû être admis d'urgence à l'Hôpital universitaire de la VUB, victime d'un grave traumatisme crânien et de fractures multiples. Il s'agit de Eric ***, quarante-trois ans, fonctionnaire, qui se trouvait toujours dans le coma à l'heure de la clôture de nos dernières éditions.

Le parquet est descendu sur les lieux, et l'automobiliste – dont l'identité n'a pas été révélée – a été placé en garde à vue ; il devrait être présenté ce matin au juge d'instruction ***. (Belga)

II

De Standaard, 11 septembre

« *MILITANT FLAMAND TOUJOURS ENTRE LA VIE ET LA MORT* »

(De nos services bruxellois)

Les médecins de l'Hôpital de la VUB gardaient hier encore un pronostic réservé quant aux chances de survie d'Erik J***, le militant flamand sauvagement renversé dimanche dernier au cours du Gordel par un automobiliste francophone, alors qu'il pédalait paisiblement à hauteur de la chaussée de Waterloo.

L'OVV, par la voix de son avocat Maître ***, a dénoncé hier les lenteurs de l'enquête judiciaire, exigeant que le juge d'instruction *** soit dessaisi et que l'affaire soit confiée à un juge flamand. Elle a également annoncé son intention de se constituer partie civile aux côtés de la famille de la victime.

A ce propos, l'OVV souligne que ceux qui veulent soutenir financièrement la famille d'Erik J*** par leurs dons peuvent toujours les adresser au numéro de compte-chèque postal rappelé ci-dessous : en deux jours, plusieurs centaines de milliers de francs ont déjà été recueillis des quatre coins de la Flandre pour aider ce vieux et fidèle militant de la cause flamande.

III

La Libre Belgique, 16 septembre

« APAISEMENT COMMUNAUTAIRE »

Le regrettable incident qui a émaillé la dernière édition du Gordel semble en voie de se résoudre. Eric J***, le cycliste renversé, est désormais sorti du coma et ses jours ne sont plus en danger : selon les médecins – qui considèrent cette guérison comme véritablement miraculeuse –, il ne devrait conserver aucune séquelle durable de l'accident.

Quant à l'automobiliste arrêté la semaine dernière, il devrait être prochainement remis en liberté : c'est en tout cas ce qu'aurait proposé le juge d'instruction *** à l'issue de la reconstitution organisée dimanche dernier. S'il se confirme bien que le conducteur a contourné le barrage de gendarmerie et se serait rendu coupable d'un refus d'obtempérer aux agents des forces de l'ordre, les préventions de coups et blessures volontaires d'abord mises à sa charge devraient être levées. En effet, il semble bien qu'il était à plusieurs dizaines de mètres de l'endroit où les cyclistes ont été relevés : les enquêteurs penchent désormais pour l'hypothèse d'une chute collective, sans doute provoquée par la principale victime elle-même.

IV

Revue de la Société royale belge de traumatologie, octobre

« UNE GUÉRISON INEXPLIQUÉE »

Notre fidèle confrère et ami ***, de l'hôpital universitaire de la VUB, nous fait part d'un cas assez exceptionnel qui vient d'être dûment observé par lui et ses services.

A l'occasion d'une randonnée cycliste, un patient, M. E... J..., avait fait une lourde chute à vélo et avait été heurté par divers véhicules motorisés. Les secours rapidement dépêchés sur place l'avaient relevé dans un état de coma profond, avec une fracture du crâne. Le scanner effectué en urgence à l'admission du patient avait mis en évidence une hémorragie massive secondaire au traumatisme de la boîte crânienne, et les tracés électroencéphalographiques s'étaient immédiatement révélés caractéristiques d'un état de mort clinique.

Après quarante-huit heures sans évolution notoire, la famille avait marqué son accord sur la déconnexion des appareils d'assistance : à peine eût-on exécuté cette douloureuse décision que le patient manifesta d'étonnants signes de reprise. Trois jours après l'accident, il sortait du coma et manifestait dès son réveil un étonnant niveau de conscience, reconnaissant sans peine les proches venus le veiller. Le surlendemain, il quittait l'hôpital, restant certes sous contrôle médical mais vivant à un rythme à peu près normal.

Les lésions au cerveau auraient à tout le moins pu conduire à prévoir des phénomènes significatifs d'amnésie, voire des troubles du psychisme et de la personnalité. Pourtant, selon la famille du patient, celui-ci aurait récupéré la quasi-totalité de ses facultés mentales et l'essentiel de ses souvenirs. On ne retiendra en effet qu'au titre de l'anecdote cette précision de l'épouse : « Mon mari ne sait plus s'il est Wallon ou Flamand. »

V

The European, 8 décembre

Réuni hier à Bruxelles pour son congrès annuel, le Mouvement de l'Europe Libre a élu à sa tête un nouveau président, le Belge Erich Jongen. M. Jongen, quarante-trois ans, passe généralement pour un dur de la cause fédéraliste européenne, et son élection traduit manifestement une victoire de la tendance extrémiste du mouvement sur la tendance modérée. Nous reproduisons ci-dessous les passages les plus significatifs de son discours d'intronisation.

« Européennes, Européens, mes amis, mes frères,

C'est une grande et belle idée que celle qui nous réunit aujourd'hui et qui anime notre combat. L'Europe n'est pas seulement notre pays, l'Europe n'est pas seulement notre patrie : elle est aussi notre identité. Au-delà des frontières, au-delà des langues, au-delà des habitudes culturelles, nous sommes tous les mêmes. Faites, comme moi, l'expérience d'emprunter le train Paris-Berlin, et cherchez – sans les écouter parler – à deviner la nationalité de ceux qui voyagent dans l'anonymat : sont-ils Français, Allemands, Belges, ou même Italiens ou Suédois ? Rien ne vous permettra de le deviner.

149

Nous devons exalter ce qu'il y a en nous de commun, souligner ce qui nous unit et non ce qui nous divise : Anglais, Portugais, Danois ne sont que des prénoms, Européen est notre nom de famille. Nos différences sont autant de richesses, et ces richesses, nous sommes les seuls à en disposer : ni les Américains, ni les Japonais, ni aucun de ceux qui tentent de contester notre hégémonie naturelle sur la société occidentale n'en ont de comparables. (...)

Il y a quarante ans, avec Jean Monnet et Konrad Adenauer, avec Paul-Henri Spaak et Alcide De Gasperi, l'Europe est née pour garantir la paix ; aujourd'hui que la paix est assurée, avec notre mouvement, avec vous, l'Europe doit se développer et se fortifier pour gagner la guerre. Ce n'est certes pas une guerre qui se mène sabre au clair ni le fusil à la main, mais elle n'en est pas moins violente et sournoise. Elle se gagne dans les salles de négociation à Genève ou à New-York, à Bruxelles ou à Tokyo. Elle se gagne dans nos comportements de tous les jours, dans la préférence que nous pourrons donner à ce qui vient de chez nous sur ce qui vient de l'autre, dans la conscience que nous aurons à tout moment de ce que nous préférons nos frères à nos cousins, nos cousins à nos voisins, et nos voisins aux inconnus. (...)

Pour conduire ces batailles, nous avons besoin d'une armée : chacun de vous la constitue. Nous avons également besoin de généraux et d'un chef : hélas, ce ne sont ni cette Commission, ni son président, systématiquement pliés aux diktats de l'impérialisme américain et bras croisés devant l'invasion commercialo-culturelle des Etats asiatiques qui feront l'affaire. Il nous faut des hommes